Geschichten und Gedichte

aus der Reihe
„Perlen unserer Erinnerung"

AF285674

10-jähriges Perlen-Jubiläum

Carmen Sabernak (Hrsg.)

Bibliografische Information der Deutschen Nationalbibliothek:

Die Deutsche Nationalbibliothek verzeichnet diese Publikation in der Deutschen Nationalbibliografie; detaillierte bibliografische Daten sind im Internet über dnb.d.nb.de abrufbar.

Impressum

2023 © Carmen Sabernak, alle Rechte vorbehalten

Herstellung und Verlag:

BoD – Books on Demand, Norderstedt

Satz und Layout:

Nicole Mewes

Bildnachweise:

© by-studio © sonne fleckl - Fotolia.com
© Privatarchiv: Evelyn Barucker, Margrit Prauß, Nicole Mewes

ISBN: 9783757891718

Inhalt

 *Vorwort*

Carmen Sabernak hatte die Idee, die Erinnerungen unterschiedlicher Menschen zu sammeln.

Erinnerungen, die wertvoll wie Perlen sind. Sie fragte in der Teltower AWO-Gruppe nach und es fanden sich schnell MitstreiterInnen.

Einmal im Monat trafen sie sich, tauschten Erinnerungen aus, lasen aus ihren Geschichten und verbrachten schöne gemeinsame Stunden. So wurde recht schnell der Entschluss gefasst, diese „Perlen unserer Erinnerungen" in kleinen Büchern aufzubewahren.

Die Geschichten sind so unterschiedlich, wie die Menschen, die sie erlebt haben. Einzelne Geschichten wurden zum Teil schon vor einigen Jahren verfasst. Deshalb finden sich teilweise auch noch Texte in der alten Rechtschreibung. Diese wurden absichtlich nicht angepasst, denn es sind Perlen aus der betreffenden Zeit.

Wir wünschen Ihnen ebenso viel Vergnügen beim Lesen, wie wir Freude hatten, das Buch zu gestalten.

Herzliche Grüße
das AutorInnenteam und die "Geschichtensammlerin" Carmen Sabernak

Perlen, Perlen und nochmals Perlen

Perlen sind doch für viele eine edle, kostbare Sache. Eine kostbare Sache sind unsere wertvollen Erinnerungen, die unbedingt in irgendeiner Form erhalten bleiben sollten. Es ist schön, dass wir, die kleine Gruppe von „Schreibenden" der AWO-Teltow, rechtzeitig damit begonnen haben, unsere Erinnerungen in unseren Büchern „Perlen unserer Erinnerungen" niederzuschreiben. Diese Geschichten aus dem Leben sind auch für Verwandte, Bekannte und natürlich für uns selbst, ein wertvolles Gut.

Echte Perlen, die man zum Beispiel als Halskette tragen kann, wachsen in bestimmten Muschelarten unter Wasser. Diese sind sehr wertvoll, da sie lange brauchen, bis sie gewachsen sind. Es gibt auch Zuchtperlen die heutzutage durch den Menschen unter Wasser gezüchtet werden. Diese sind nicht so wertvoll wie die „Echten".

Es gibt so viele Arten von Perlen, die uns eigentlich überall schon einmal im Leben begegnet sind.

Ich erinnere mich zum Beispiel an die ganz kleinen, kunterbunten, süßen Perlen. Diese nannte man Liebesperlen und die waren in kleinen Nuckelflaschen. Aus welchem Grund man diese Form der Flasche gewählt hat weiß ich nicht, wir Kinder fanden das aber toll.

Als Kinder haben wir auch viel mit Perlen gebastelt. Es gab kleine Glasperlen in allen Farben, Holzperlen in verschieden Größen und daraus haben wir Ketten, Ringe oder Armbänder angefertigt.

Mit Bügelperlen haben wir schöne Geschenke, wie Untersetzer, hergestellt. Dazu legte man sich die verschiedensten Farben zu einem Bild zusammen und bügelte vorsichtig, abgedeckt mit Butterbrotpapier, darüber.
Die Perlen verschmolzen, beziehungsweise verbanden sich miteinander und zeigten nach dem Abkühlen die gewünschte Form.

In diesem Jahr habe ich noch etwas ganz Besonderes gefunden. Ich habe meinem Mann zum Geburtstag einen Liebesperlenstrauch geschenkt.

Dieser Strauch hat von Frühling bis Sommer grüne Blätter, im Spätsommer lilafarbene Blüten und im Herbst rötet sich das Laub und es bilden sich kleine lilafarbene, glänzende Beeren, die Liebesperlen. Diese haften bis weit in den Winter hinein an den Zweigen. So verzaubern sie einen kahlen Garten. Aber Achtung, diese „Liebesperlen" sind giftig.

Ja, so gibt es sie, die eine oder andere Perle, in verschiedenen Formen, Farben, Größen, Zusammensetzungen, Wachsungen und natürlich, nicht zu vergessen, geistiges Gut.

Ich freue mich, dass wir im Jahr 2023 unser 10-jähriges Bestehen feiern und freue mich auf weitere schöne Bücher aus der Reihe „Perlen unserer Erinnerungen". Vielen Dank der lieben Geschichtensammlerin Carmen Sabernak.

Ellen Wutschik, August 2023

Reise mit Hindernissen

Ich war 16 und lebte in einem Dorf in Mecklenburg-Vor-
pommern und lernte im Sommer 1970 meinen Freund
an der Ostsee kennen. Er kam aus Dresden und wohnte
ca. 600 km von mir entfernt. Wir wollten uns wieder-
sehen, um uns besser kennenzulernen. Nach langen
Diskussionen mit meinen Eltern willigten sie ein, dass
ich zum Jahreswechsel 1970/71 nach Dresden fahren
durfte. Welche Gedanken und Gefühle sie bei dieser
Entscheidung hatten, darüber habe ich mir damals kei-
ne Gedanken gemacht. Für mich fühlte es sich richtig
an, dass ich zu meinem Freund fahre – ja, auch bei ihm
und seinen Eltern für ein paar Tage wohne, damit wir
uns näher kennenlernen – nicht mehr, nicht weniger!

Meine Oma gab mir von der eigenen Hausschlachtung
Wurst und Schinken sowie noch frische Eier mit, die
sie direkt aus dem Hühnerstall holte. Sie meinte, dass
Großstadtmenschen sich über diese Dinge besonders
freuen würden. Meine Mutter erinnerte mich daran, dass
ich in Berlin umsteigen müsse und mahnte, besonders
auf meine Sachen aufzupassen. Alle sorgten sich um
mich und machten sich große Gedanken darüber, ob
sie mich wohl so wiedersehen würden, wie ich abge-

fahren bin. Mein Bruder brachte mich mit dem Motorrad zum Bahnhof und verabschiedete sich mit dem Worten: „Mach's gut!" Da stand ich nun mit Koffer, Tasche und Handtasche – ganz schön viel Gepäck für wenige Tage in Dresden.

Die Reise nach Berlin verlief reibungslos. In Berlin-Ostbahnhof angekommen, machte ich mich auf die Suche nach dem richtigen Bahnsteig. Ich las auf dem Abfahrtsplan: Zug nach Dresden: Bahnsteig 3 – leicht zu finden, kein Problem.

Auf dem Bahnsteig 3 angekommen, steht linker Hand ein Zug, in diesem Moment ertönt die Durchsage „Vorsicht an der Bahnsteigkante, der Zug nach Dresden wird zur Abfahrt bereitgestellt". Ich sehe einen Zug, höre „Abfahrt nach Dresden" und steige ungeachtet der Gleisnummer ein. Kurz nach dem Einstieg setzte sich dieser Zug in Bewegung – viel zu früh, denke ich. Auf mein Rufen in die Menge: „Wohin fährt dieser Zug?", hallte im Chor: „Karl-Marx-Stadt". Mich ergriff Panik. Ich riss die Tür auf und sprang mit Koffer, Tasche, Handtasche aus dem anfahrenden Zug und schlug dumpf auf – erwischte gerade noch das letzte Eckchen des Bahnsteigs. Nicht auszumalen, was alles hätte passieren können, wenn ich später... und überhaupt. Während ich sprang, dachte ich kurioserweise noch an die Eier, die kaputtgehen könnten. Ich hielt sie besonders fest, ohne sie zu zerdrücken.

Ich stand rasch auf, merkte, dass alles noch vorhanden und ich einigermaßen okay war. Leute kamen geeilt, um mir zu helfen. Ich hatte nur Augen für den nach Dresden bereitgestellten Zug auf dem gegenüberliegenden Gleis. Eine männliche Stimme fragte mich: „Wohin soll denn die Reise gehen?" „Nach Dresden", hörte ich mich sagen. „Das trifft sich ja gut, da wollen wir auch hin", bekam ich zur Antwort. Diese männliche Person im langen Wintermantel schnappte sich meinen Koffer und die Tasche und stieg in den nach Dresden bereitgestellten Zug ein. Ich lief intuitiv hinterher, ohne den Blick von meinem Gepäck zu lassen.

Im Abteil angekommen, versicherte ich mich, dass mein Gepäck gut verstaut war – ich wollte mich nur noch verkriechen, am liebsten allein sein. Doch daraus wurde nichts. Ich landete in einem Abteil, in dem nur Soldaten saßen und sich auf ihren Heimaturlaub freuten – sie waren ausgelassen, machten Späße und sprachen schreckliches Sächsisch. Im Überschwang ihrer Freude, machten sie auch spitze Bemerkungen zu meinem Missgeschick, worüber ich nicht lachen konnte. Mir war eher zum Heulen zumute – vor Schmerzen und auch vor Freude, dass ich noch Glück im Unglück hatte. Zudem war ich damals auch nicht gut in Konversation, schon gar nicht mit einer Gruppe von Männern und überhaupt nicht mit Soldaten. Solchen Männern bin ich doch lieber aus dem Weg gegangen. Nun saß ich zwar am Rande bei ihnen, war aber irgendwie auch mittendrin. Allein der Gedanke daran, wie meine Spontanaktion wohl ausgesehen haben mag und ich so dalag…, ließ mich immer wieder beschämend erröten – ich lehnte mich tief in den Sitz zurück, spürte aufkommende Schmerzen im Knie und im rechten Brustbereich (ich hatte mich spontan auf die rechte Seite geworfen, da ich die Eier in der linken Hand festhielt). Die Soldaten spürten, dass ich mich unwohl fühlte, sie boten mir Schokolade als „Stimmungsaufheller" an, sie erzählten lustige Begebenheiten aus ihrem Alltag, um mich aufzumuntern – all das interessierte mich nicht. Was soll's – sie waren für mich eine kurze Episode, von der ich niemandem erzählen wollte, schon gar nicht meinem Freund – was würde er wohl von mir denken?

„Was bringst Du denn alles mit?" fragte mich mein Freund. „Meine Oma und Eltern waren der Meinung, dass ihr euch über diese Lebensmittel von unserem Hof freuen würdet", sagte ich etwas verunsichert. "Das war doch nicht nötig", sagte er, „nur Du bist wichtig!". Seine Eltern jedoch hatten sich über die mitgebrachten Naturalien sehr gefreut.

Zahlreiche blaue Flecke zierten meinen jugendlichen Körper. Jede feste Umarmung meines Freundes schmerzte mich, was ihn vorsichtiger werden ließ, denn er glaubte, dass er zu forsch gewesen wäre, wofür er sich dann auch noch entschuldigte. Denn er wollte nicht schuld daran sein, den noch kleinen Keim einer Freundschaft oder den einer zart beginnenden Liebe zu ersticken. So waren dann auch die Tage in Dresden vollgepackt mit Sightseeing und Sightseeing. Was ich viel später erfuhr, waren die Worte des Vaters meines Freundes, der zu seinem Sohn sagte: „Sie kommt vom Dorf – zeig ihr die große Stadt Dresden, sie wird sich darin verlieben... und gern wieder zurückkommen!" Er hatte recht, doch ich hatte mich nicht nur in Dresden verliebt. Die Zeit dort verging viel zu schnell.

Die Rückreise stand bevor: Januarkälte, Eisglätte und Schneeverwehungen gab es in der Nacht vor der Abreise. Mein Zug, der „Malmö-Express", der von Belgrad nach Malmö fuhr, sollte um 6 Uhr morgens abfahren – er fuhr jedoch erst gegen 11.30 Uhr völlig überfüllt in den Dresdener Hauptbahnhof ein. Ich war so aufgeregt vor der bevorstehenden Rückreise, obwohl ich in Berlin gar nicht umsteigen musste, dass die Verabschiedung von meinem Freund eher kurz und kühl ausfiel. Durchgefroren, keine Platzkarte besitzend, suchte ich ein freies Plätzchen. „Besetzt", „besetzt", hörte ich von überall. Ich stellte mich darauf ein, mindestens bis Berlin einen Stehplatz einzunehmen, aber auch der war schwer zu finden. Der Zug setzte sich langsam in Bewegung, nächster Halt war Berlin. Mein Freund stand traurig, beinahe hilflos am Bahnsteig und winkte mir noch lange nach.

Dicht gedrängt standen die Leute im Gang. Die Reisenden kamen von weither, sie unterhielten sich in einer Sprache, die ich nicht verstand. Sie aßen ihre mitgebrachten Lebensmittel. Die Luft war von Knoblauch geschwängert, mein Magen hob und senkte sich, und die Hygiene in den Abteilen war gewöhnungsbedürftig, denn immerhin verbrachten manche Reisenden schon mehrere Tage in diesem Zug. Ich hatte Angst, ohnmächtig zu werden, doch umfallen hätte ich nicht können.

Ich stiefelte so gut es ging durch den Zug. Plötzlich ging direkt vor mir eine Abteiltür auf und ein freundlicher, mittelalterlicher Mann bot mir seinen Sitzplatz an, um die Mitropa aufzusuchen. Ich nahm den Platz sehr gern an und stellte sofort fest, dass die Luft in diesem Abteil sehr verbraucht war. Doch zum Lüften war es draußen viel zu kalt. Langsam gewöhnte ich mich daran und kam auch mit dem geringen Sauerstoffgehalt im Abteil zurecht - alles war besser, als draußen im Gang zu stehen.

In diesem Abteil waren Frauen und Männer aus Jugoslawien, die ihren Weihnachts- und Jahresurlaub in ihrer Heimat verbracht hatten und nun wieder nach Westberlin fahren wollten, um dort zu leben und zu arbeiten. Sie sprachen mit mir gut verständliches deutsch. Sie stellten mir viele Fragen, die ich gar nicht alle beantworten konnte oder auch nicht wollte. Sie waren so weltgewandt und ich war das Mädchen aus dem mecklenburgischen Dorf, das erstmals in Dresden war, aber sonst noch nichts von der großen Welt gesehen hatte. Ich fühlte mich so klein, lehnte mich weit nach hinten und hätte mir am liebsten meinen Mantel vors Gesicht gezogen, so schüchtern war ich. Sie dagegen waren sehr freundlich, boten mir sogar Essen an mit den Worten „ich sollte ihre Spezialitäten probieren", das lehnte ich jedoch rigoros ab - wie undiplomatisch und dumm von mir, doch mein Magen hätte gestreikt. Ich fühlte mich unwohl, hilflos und unsicher, sodass ich nun erst recht ihre gesamte Aufmerksamkeit bekam. Selbst der

Mann, dessen Sitzplatz ich innehatte, überließ ihn mir bis Berlin. Ich ließ einfach alles geschehen und sagte mir, „halte durch – bald sind wir in Berlin, dann steigen diese Leute aus, die ich niemals wiedersehen werde".

Während ich so saß, dachte ich darüber nach, dass diese Leute später in eine ganz andere Welt eintauchen würden: Westberlin! Für mich war dies bis dahin nur ein unerreichbarer Ort auf der Landkarte. Irgendwie bewunderte ich sie, dass sie nach Westberlin einreisen durften, was mir grundsätzlich verwehrt blieb. Das erste Mal fragte ich mich: „Warum darf ich das eigentlich nicht?" – Diese Frage sollte mich noch öfter in meinem Leben begleiten.

Wir erreichten Berlin-Ostbahnhof – meinen Schicksalsbahnhof. Alle Ausländer aus meinem Abteil packten ihre Sachen zusammen und stiegen aus. Ich sagte allen freundlich „Auf Wiedersehen!" Eine zierliche Frau, die die ganze Zeit still am Fenster saß und mir ab und an freundlich zulächelte, blieb vor mir stehen, nahm ihre Goldkette ab und bedrängte mich, sie anzunehmen mit den Worten: „Möge sie Dir Glück bringen". Ich war sprachlos, weigerte mich zunächst, sie anzunehmen, nahm sie aber doch mit einem leisen „Danke, wie schön!" an.

Als ich allein im Abteil war, sah ich mir die Kette genauer an, es war eine sehr feingliedrige Kette mit einem „Seemannsgrab"-Anhänger. Dieser Anhänger besteht aus einem Kreuz, Herz und Anker, die für Glaube, Liebe und Hoffnung stehen. Dieses Geschenk hatte mich sehr berührt.

Diese Kette erinnert mich noch heute an eine besondere Reise, auf der ich sowohl bei der Hin- als auch bei der Rückreise schwierige Situationen erlebt habe. Damals war ich blutjung, naiv, schüchtern - aber rückblickend doch neugierig!

Diese Reise nach Dresden hat etwas mit mir gemacht. Ich habe nicht nur sehr viel erlebt, wenn auch zum Teil mit sehr schmerzhaften Erfahrungen, sondern bin unfreiwillig auf fremde Menschen gestoßen, die mir in meiner Not uneigennützig geholfen haben. Diese Menschen habe ich niemals mehr in meinem Leben getroffen, dennoch bleiben mir die Begegnungen mit ihnen als besonders wertvolle Erlebnisse im Gedächtnis. Manche sagen dazu auch „Nächstenliebe", die mir zuteil wurde.

Man könnte meinen, dass mir durch diese teils lebensgefährlichen Erlebnisse die Lust am Reisen genommen wurde, ganz im Gegenteil. Ich vermied es nur für eine längere Zeit, allein durch die Welt zu reisen. Und JA, meine Familie hat mich wieder so zurückbekommen, wie ich abgefahren bin, jedoch war ich nicht mehr dieselbe wie vorher.

Christiane Eisold, Juli 2023

Imitat oder Original

Edelsteine erfreuen mit ihrer facettenreichen Vielfalt alle Liebhaber dieser wunderschönen Schmuckstücke. Goldschmiede in aller Welt verwandeln jeden Tag den wertvollen Schatz unserer Erde mit ihrem Talent und viel Geschick zu etwas Besonderem. So zaubern sie aus den Gesteinen und Mineralien die von der Frauenwelt begehrte Zierde. Die Halskette ist das beliebteste und am meisten getragene Schmuckstück. Sie ist unverzichtbar für ein reizvolles Dekolleté, repräsentiert sie doch einen Hauch von Schönheit bei ihrer Trägerin.

Die eigene Vorliebe entdeckt man bei einer Auswahl der „Großen Drei". Zu diesem Trio auserwählter Edelsteine gehören rote Rubine, blaue Saphire und grüne Smaragde. Perlen, Korallen sowie Perlmutt zählen ebenso wie Bernstein zu den bekanntesten Schmucksteinen.

Als Anhänger für eine Kette ist der Amethyst im Farbton lila, der Türkis sowie der Rosenquarz in zartem Rosé sehr beliebt. Auch der leuchtend rote Granat wird gern gewählt. Dieser ist aus den Märchen als Karfunkelstein bekannt.

Zu meinen „Schätzen" gehören überwiegend Ketten aus dem Bereich Modeschmuck. Sie sehen manchmal ihren echten Vorbildern zum Verwechseln ähnlich. So passierte mir im Jahr 2017 folgende Geschichte:

Wir unternahmen zu zweit eine Flussfahrt auf der Donau von Passau bis ins Delta am Schwarzen Meer. Unser Schiff gehörte zur Flotte eines bekannten Unternehmens, auf dem wir Urlauber angenehme und erlebnisreiche Tage verbrachten. Zum abendlichen Ritual gehörte es, sich angemessen zu kleiden. Natürlich wählte ich – wie gewohnt – zu meinem Outfit den farblich passenden Schmuck. Da passierte beim Einnehmen der Plätze zum Abendessen folgendes: Ein in der Nähe sitzendes Ehepaar nahm uns in Augenschein. Der älteren Dame fiel dabei mein interessanter Modeschmuck auf. Sie stellte fest, dass meine Kette sehr edel aussehe und betrachtete sie als das echte, farblich ähnliche Original. Wir amüsierten uns insgeheim köstlich über diese Verwechslung. Bei weiteren Begegnungen passierte dieser Vorgang nun jedes Mal aufs Neue. Diese Frau hielt meine türkisfarbene Kette ebenso, wie die als Rosenquarz anzusehende Perlenkette, tatsächlich für Originale.

Waren ihre Feststellungen als Kompliment gemeint? Auf jeden Fall verfehlten sie ihre Wirkung nicht. Wir lachten herzlich darüber und waren gespannt auf die nächste Begegnung. Meine in Grüntönen schimmernde Kette, die wie ein Collier mit aufgereihten Blättchen wirkte, begeisterte sie sofort. Eine Perlmuttkette in auffälliger Gestaltung erweckte ebenso ihr Interesse an meinem Schmuck. Nun warteten wir an den Abenden, wenn ich eine andere Zierde anlegte, neugierig auf die Reaktion der besagten Frau. Wir fragten uns natürlich, warum sie diese Show wohl abzog. Wollte sie Aufmerksamkeit oder den Anschein erwecken, eine Expertin in Sachen Schmuck zu sein?

Diese Frage blieb bis zum Ende unserer 14-tägigen Reise ungeklärt. Das Erlebte zeigte uns, dass nicht nur Echtschmuck seine besondere Wirkung auf den Betrachter ausüben kann.

Hannelore Wolf, Juli 2023

Mein Teddy

(war damals wertvoller, als jede Perle und jeder Schmuck)

Du kleiner, brauner Teddybär,
Spielzeug meiner frühen Jahre.
Du hattest zum Schluß
kaum noch ein paar Haare.

Auch dein dicker Bauch
zeigte schlimme Spuren.
Weil auf der Flucht oft Wagenräder
über deinen Körper fuhren.

Oft wurdest du so naß,
beim Baden in der Wanne.
Schuld daran war leider
meine kleine Schwester Anne.

Und einmal warst du fort.
Ich suchte dich 'ne Stunde.
Und fand dich im Gebüsch
bei meiner letzten Runde.

Du warst mein bester Freund
in meiner Kinderzeit.
Du hörtest zu, was auch geschah,
bei Freude und bei Leid.

Gela,, 15.12.2022

Der Ehering meiner Mutter

Als kleines Mädchen habe ich mir in manch einer ruhigen Minute, die ich gemeinsam mit meiner Mutter verbringen durfte, gern mal ihren Ehering angesteckt und gesagt: „Mama, der passt! Wir haben beide die gleichen Hände." Sie lächelte und sagte: „Dann wirst Du ihn mal erben." Welch junger Mensch denkt schon bei dem Wort „erben" daran, dass zuvor gestorben werden muss? Dann hätte ich doch gern darauf verzichtet.

In wenigen Tagen würde meine Mutter 99 Jahre alt werden. Dies nahm ich am letzten Wochenende zum Anlass, mir ihren Schmuck aus dem Schrank zu holen und auf dem Tisch auszubreiten. Dies tue ich ab und an, um mit meiner Mutter „ins Gespräch" zu kommen und ihr ganz nah zu sein. Magisch angezogen wurde ich dieses Mal von ihrem Ehering, den sie fast 52 Jahre lang trug und am 06. Juli 1944 von meinem Vater geschenkt bekam. Im nächsten Jahr wären sie 80 Jahre verheiratet.

Doch welche Geschichte steckt hinter diesem Ehering?

Meine Eltern lernten sich während des Krieges auf einem Landes-Posaunen-Fest in Stettin kennen. Sie war 17 und er 19. Mein Vater verliebte sich stehenden Fußes in meine Mutter, die sehr schlank und auch hübsch anzusehen war. Auch sie war recht angetan von diesem feschen jungen Mann. Es war ein großes Glück, dass beide von Anfang an so verliebt ineinander waren, um allen Trennungen und Widrigkeiten, die der Krieg mit sich brachte, sowie nicht zuletzt auch allen Beanstandungen, die sie von seinen Eltern erfahren haben, standhalten konnten. Denn meine Großeltern hätten sich für meinen Vater eher eine burschikose Bauersfrau, die kräftig mit anpacken konnte, gewünscht. So war es nicht verwunderlich, dass meine Mutter keinen guten Start bei meinen Großeltern hatte.

Mein Vater war Landwirt und hatte als erstgeborener Sohn standesgemäß die Landwirtschaft seiner Eltern übertragen bekommen. Er war auf Hilfe und Unterstützung angewiesen, denn er hatte durch eine Kriegsverletzung nur noch einen Teil des linken Oberarms. Meine Mutter, die in Stettin aufgewachsen war und hier auch die Ausbildung zur Kinderkrankenschwester machte, arbeitete bis zur Hochzeit auf der Kinderkrankenstation im Stettiner Krankenhaus.

Nachdem mein Vater „geheilt" aus dem Lazarett nach Hause kam, wurde bald geheiratet. Für meine Mutter war die Arbeit in der Landwirtschaft eine große Umstellung, zumal es auf dem Hof zahlreche Tiere und zur Wirtschaft noch etliche Felder, Wiesen und Wald zu betreuen und verwalten gab. Ich denke oft darüber nach und frage mich, wie stark diese Liebe gewesen sein muss, dass meine Mutter ihr beschauliches Leben in Stettin gegen diese harte Arbeit auf der Wirtschaft eingetauscht hat?

Meine Eltern gründeten sehr bald eine Familie. Fast ein Jahr nach der Hochzeit kam ihr erstes Kind zur Welt. Es war ein Stammhalter, der Liebling meiner Großmutter, die inzwischen auch ihren Frieden mit meiner Mutter gemacht hatte. Meine Mutter liebte Kinder, sie wünschte sich viele davon, „mindestens jedoch vier" – so erzählte sie, war die nicht ganz ernstgemeinte Bedingung für die Hochzeit mit meinem Vater. Und so kamen diese vier Kinder im 2-Jahresrhythmus zur Welt – ich war noch nicht dabei.

Mit jeder Schwangerschaft wurde meine Mutter schwächer. Ihr Körper wehrte sich gegen diese Belastung. Selbst der Gynäkologe gab ihr den guten Rat, nicht mehr schwanger zu werden, wenn sie gesund und Mutter für ihre vier Kinder bleiben wolle. Die Familie war gewarnt, dennoch vergingen keine 8 Monate und meine Mutter wurde wieder schwanger. Diese Schwangerschaft wurde begleitet von Zukunftsängsten, sie stand unter keinem glücklichen Stern. Mir wurde erzählt, dass selbst meine Oma ein „ernstes" Gespräch mit ihrem Sohn führte. Die Sorge um den Fortbestand der Familie und nicht zuletzt auch um den Bauernhof war sehr groß.

Der Arzt, der um die Gesundheit meiner Mutter sehr besorgt war, schlug vor, dass in ihrem Fall ein Schwangerschaftsabbruch gemacht werden dürfe. Sie willigte schweren Herzens ein. Die Vorbereitungen zum Abbruch begannen, die Narkose stand unmittelbar bevor. Der Gynäkologe trat noch einmal an meine Mutter heran und sagte: „Die Welt ist ungerecht. Meine Frau und ich bekommen keine Kinder und bei Ihnen muss ich einen Abbruch vornehmen..." Dies war kein Trost für meine Mutter, sondern verstärkte eher ihr Schuldgefühl, denn im Grunde war sie davon überzeugt, dass dieser Abbruch falsch ist und sie ihr Schicksal hätte annehmen sollen. Spontan bat sie darum, nach Hause gehen zu dürfen. Sie sagte: „Es kommt, wie es kommt – ich nehme mein Schicksal an!" Sie spürte eine tiefe Zufriedenheit und

Erleichterung über diese Entscheidung. Doch sie war sich auch der Risiken bewusst. Sie setzte nicht nur ihr Leben und das des ungeborenen Kindes aufs Spiel, sondern ließ auch zu, dass im schlechtesten Falle ein kriegsversehrter Witwer mit vier kleinen Halbwaisen zurückbleiben könnte. Mit den Auswirkungen dieses psychisch so belastenden Druckes auf die kleine Familie, auf die elterliche Beziehung, nicht zuletzt auch auf den Konflikt mit der Großmutter und besonders auf die Entwicklung des Ungeborenen blieb meine Mutter allein. Eins jedoch einte diese Familie: ihr tiefer christlicher Glaube und unendliches Gottvertrauen. Egal, welche Nebenwirkung die Schwangerschaft mit sich bringen sollte, meine Mutter hätte sich nicht beklagt.

Im September 1953 wurde nun das kleine Mädchen im Krankenhaus geboren. Ihr Name war „Sigrid". Mein Vater, der nicht bei der Geburt dabei sein durfte, sondern erst am Folgetag zur Besuchszeit kam, sah sich das Mädchen an und widersprach entschieden der Namensgebung. „Sie soll ‚Christiane' heißen". Meine Mutter stimmte dem gern zu. Er setzte alle Hebel in Bewegung, dass dieser geänderte Name ins Familienbuch eingetragen wurde - so bin ich zu meinem Namen gekommen.

Meiner Mutter ging es nach der Geburt zunehmend schlechter. Sie bekam eine Thrombose, die der Auslöser für eine Lungenembolie war. Mein Vater wurde per Telegramm benachrichtigt, dass er schnellstmöglich ins Krankenhaus kommen sollte. Die Ärzte rechneten damit, dass meine Mutter die nächste Nacht nicht überleben würde. Vater und Großmutter waren auf alles vorbereitet. Meine Mutter war sich ihrer Notlage sehr bewusst und bewahrte Ruhe.

Die Ärzte kümmerten sich hingebungsvoll um sie. Doch die medizinischen Möglichkeiten waren damals noch sehr begrenzt. Meine Mutter überstand die Nacht. Am nächsten Tag zur Mittagszeit bekam meine Mutter große Luftnot, sie schien zu ersticken. Zufällig war eine Lehrschwester im Zimmer, die sich nicht anders zu helfen wusste, als spontan meine Mutter in den Arm zu nehmen und sie zu schütteln: „Was ist los, sie müssen atmen, atmen...!" Wie durch ein Wunder löste sich in der Folge das Blutgerinnsel in der Lunge – und meine Mutter konnte wieder besser atmen. – Medizinisch gesehen, wäre dies das Ende für meine Mutter.

Es gab die strikte Anweisung, sie erschütterungsfrei zu betten und nicht anzurühren. Die Schwester jedoch hat ohne Zögern falsch reagiert und damit meiner Mutter das Leben gerettet. Von diesem Vorfall erholte sie sich nur sehr langsam und eine weitere Embolie war nicht ausgeschlossen. Sie war noch lange nicht über den Berg. Aus diesem Grund hatte meine Mutter den Wunsch geäußert, ihr Baby im Krankenhaus taufen zu lassen. Es wurde alles dafür vorbereitet, auch die drei Paten waren dabei. Die eine Patin sollte – wie ich viel später erfuhr – im Falle des Ablebens meiner Mutter, mich großziehen, da mein Vater und Oma bereits mit vier kleinen Kindern sehr belastet waren.

Meine Mutter war noch drei weitere Monate im Krankenhaus – und ich mit ihr. Weihnachten `53 war die Familie wieder komplett. Meine Eltern waren glücklich. Doch meine Mutter hatte Zeit ihres Lebens jährlich mindestens eine Thrombose und offene Beine. Sie lag deshalb viel und lange im Krankenhaus. Bei dieser Vorgeschichte ist es sehr verwunderlich, dass meine Eltern sich doch noch zwei weitere Kinder angeschafft haben. Um diese gesund zur Welt bringen zu können, lag meine Mutter dafür jeweils die gesamte Schwangerschaftszeit im Krankenhaus, zu groß war die Gefahr einer nochmaligen Embolie.

Für meine Eltern waren die größten Schätze ihre Kinder – 7 spezielle Perlen. Sie verstanden es mit viel

Liebe und Verständnis, uns gleichermaßen zu erziehen, dass wir uns als Einheit verstehen, in der man sich gegenseitig hilft und keiner besser als der andere ist, obwohl jedes Kind einen ganz anderen Glanz hatte. Natürlich mussten meine größeren Geschwister schon frühzeitig in der Wirtschaft mithelfen. Ich fand die Arbeit auf dem Lande sehr anstrengend und suchte mir frühzeitig meine Beschäftigungen. Auch dies unterstützten meine Eltern nach ihren Möglichkeiten.

Mit der Einführung der Landwirtschaftlichen Produktionsgenossenschaften, LPG, Anfang der 60er Jahre wurde die Arbeit für meine Eltern nicht leichter. Sie hatten sich für einen LPG-Typ entschieden, in dem man tagsüber in der Genossenschaft arbeitete und vor und nach dieser Arbeit seine eigene Wirtschaft versorgte. So begann der Arbeitstag für meine Eltern - und teilweise auch für meine größeren Geschwister - morgens um 5 und endete nicht selten abends kurz vor 21 Uhr.

Meine Mutter arbeitete nicht in der LPG. Ihr Herz hing an den Kindern, sie hatte doch genug davon, dennoch machte sie in den 60er Jahren bei uns im Dorf eine Kinderkrippe auf, deren Leiterin sie wurde. Hier blühte sie richtig auf. Dieser Arbeit, ihrem „Hobby", ging sie bis zum Rentenalter nach. Mitte der 80er Jahre, gaben meine Eltern schweren Herzens ihre eigene Wirtschaft auf. Sie hatten ihr ganzes Leben hart dafür gearbeitet, sich kaum Urlaub gegönnt, da immer Tiere zu versorgen waren.

Leider wurde mein Vater Anfang der 90er Jahre sehr krank, er litt am schwarzen Melanom, ein unheilbarer Hautkrebs. Meine starke Mutter zerbrach fast daran, meinen Vater schrittweise zu verlieren. Ich sehe sie noch beide im Krankenhaus sitzen, Händchen haltend, sich mit ihren Kosenamen ansprechend, im liebevollen Gespräch. Dieses Bild war sehr berührend und ist unvergesslich. Damals hatte ich nicht gedacht, dass ältere Leute dies so machen... Inzwischen weiß ich es jedoch besser!

Den 50. Hochzeitstag haben meine Eltern ganz groß auf ihrem Hof gefeiert. Allein die engste Familie zählte inzwischen 30 Personen. Hinzu kamen Verwandte, Freunde, alle Nachbarn - wir haben gesungen, getanzt und gefeiert - es wurde ein unvergessliches Fest. Hier hätten wir die Zeit anhalten wollen.

Meine Eltern wussten um ihre begrenzte gemeinsame Zeit. Sie haben viel Schicksalhaftes erlebt und alles gemeinsam gemeistert und ertragen. Sie waren davon überzeugt, dass sie die Kraft dafür empfangen haben, die sie durch diese schwierigen Phasen ihres Lebens getragen hat. Sie entschieden sich deshalb, ihr Eheversprechen in einem Traugottesdienst zu erneuern und Gottes Segen für den weiteren gemeinsamen Lebensweg zu empfangen. Mein Vater trug zu der Zeit schon längst keinen Ehering mehr, er ging irgendwann verloren und wurde nicht wieder ersetzt. Meine Mutter trug ihren Ehering vom ersten bis zum letzten Tag. Durch die langen arbeitsreichen Jahre wurde er schmaler und dünner, fast „zerbrechlich". Dies hatte er mit meiner Mutter gemeinsam, die am Ende ihres Lebens, im Januar 1996, auch sehr zart und „dünnhäutig" wurde, die durch eine kurze aber heimtückische Krebskrankheit keine Kraft und Energie mehr zum Weiterleben hatte.

Ich denke so oft daran zurück, wie stark doch meine Mutter war, wie sehr sie gekämpft hat, um bei uns zu bleiben. In Gedanken streichle ich gern ihre Hände, denke an unsere gemeinsame Zeit und auch an die letzten Begegnungen, wie müde und gezeichnet sie durch die Krankheit war. Dennoch machte sie mir Mut für die Zukunft. Sie nahm sich und ihre Krankheit nicht so wichtig, sorgte sich eher noch um ihre Enkelkinder, damit es ihnen gut ginge. Sie hatte eine große Strahlkraft und wurde von allen geliebt. Mich erfüllte der Gedanke, sie verlieren zu müssen, mit großer Traurigkeit, die ich in ihrer Gegenwart nicht zeigen konnte und wollte. Wir waren seelenverwandt und wenn wir uns anschauten, konnten wir „lesen", was die andere denkt.

Ich bin so dankbar dafür, diese Mutter gehabt zu haben. Es war ein großes Glück. Sie war meine Perle. Für mich war sie ein absoluter „Engel" und bis heute großes Vorbild.

Nach der Trauerfeier überreichte mir meine Schwester einen Briefumschlag, darin lag der Ehering meiner Mutter zusammen mit einem Zettel: „Für Christiane" – es war unverkennbar ihre Handschrift.

Christiane Eisold, Juli 2023

Der Schmuckstein aus dem Meer

Wie wunderschön doch so ein Bernstein ist.
Man findet ihn – mit Glück – am Meeres-
strand.
Nach einer Sturmnacht wird er angespült
und liegt versteckt im feinen Ostseesand.

Die rauhe See trägt oft die leichten Steine
vom Meeresgrund empor ans Licht.
Rar sind die großen, meistens eher kleine,
ein Sammler übersieht sie nicht.

Das Gold des Meeres ist als echter Schmuckstein
und für Gegenstände in der Kunst beliebt.
Bekannt in aller Welt: das Bernsteinzimmer,
das es im Original nun nicht mehr gibt.

Wie interessant , wenn sich ein Einschluss
im Innern eines Steins verborgen hält.
Ein winzig Tierchen oder Pflanzenteilchen
den Abdruck für die Nachwelt hat erstellt.

Das Farbenspiel des Bernsteins: faszinierend,
die Palette reicht von klar und gelb bis rot und braun.
Auch grünlich schimmern Steine sehr verführend,
sie sind als „Zauber der Karibik" anzuschau'n.

Ach, welche Qual der Wahl bei all' den schönen Stücken.
Der Damenwelt ist keinesfalls egal,
womit sie Dekolleté und Finger schmücken,
entscheiden sich nach Farben manches Mal.

Als Schutzstein wirkt der Bernstein gar zum Heilen,
schenkt Lebensfreude, nimmt die Ängste fort.
Positive Schwingungen sich zeigen
bei langem Tragen stets am gleichen Ort.

Ostseebernstein, sagt der Fachmann allen,
ist das wertvollste fossile Harz aus der Natur.
Drum tragt den Schmuck nun voller Wohlgefallen,
erlebt damit die Freude daran pur.

Hannelore Wolf, August 2023

"Liebeserklärung"

Es ist schön, daß es dich gibt.
Ich hab mich so in dich verliebt.
Ich könnte tanzen und springen,
mit dir Jahre des Glücks verbringen.
Mein Herz klopft laut.
Du bist mir so vertraut.
Nach einer kleinen Frist:
Zeig' mir, daß du der Mann
meines Lebens bist!

Gela, 17. April 2022

Der Milchzähne-Schatz

Bei unseren Kindern entdeckten wir im zarten Alter von ca. 6 Monaten die ersten Milchzähne, die unteren Schneidezähne. Zwischen meinem Mann und mir entstand ein Wettbewerb, wer sie wohl zuerst erblicken würde. Mit etwa drei Jahren war ihr Milchzahngebiss mit insgesamt 20 Zähnchen vollständig ausgebildet. Seine Lebensdauer währte jedoch nicht sehr lange, denn schon im Vorschulalter fielen die ersten Beißerchen wieder aus. Dies war ein sehr aufregender Moment. Unsere Kinder zeigten uns voller Stolz, mit großen Augen und roten Bäckchen, ihre ersten ausgefallenen Zähnchen. Wir lobten sie und sprachen über ihre neue Entwicklungsphase, denn schließlich waren sie bald Schulkinder und keine Kleinkinder mehr. Auch die Zahnfee kam über Nacht vorbeigeflogen und brachte eine Kleinigkeit zur Erinnerung an diesem Moment. Unsere Kinder sollten damit motiviert werden, uns auch die nächsten Zähne zu präsentieren.

In ihrer ersten Freude sagten wir ihnen jedoch nicht, dass nun nach und nach alle Milchzähne ausfallen werden und dass dieser Prozess bis zur Pubertät anhalten wird. Wir ließen der Natur ihren Lauf, denn es passiert, was passieren soll. Wir liebten unsere kleinen Kinder so sehr, dass wir uns nicht von ihren Milchzähnchen trennen wollten. Wir nahmen jeden Zahn an uns und versprachen, ihn ganz sicher aufzubewahren. Wir als Eltern beschlossen, jedem Kind seine Milchzähne als vollständiges Gebiss zu einem bestimmten Anlass, spätestens jedoch zum 18. Geburtstag, als Erinnerungsgeschenk zurückzugeben.

Getreu diesem Vorsatz, sammelten wir alle uns überreichten Zähne und legten sie in eine kleine Kassette, in für beide Kinder voreinander getrennte Fächer.

Unser Sohn machte zu dem Verlust seiner Milchzähne keine besonderen Umstände. Wir sammelten seine Zähnchen ein. Er bekam Lob und die Zahnfee war fleißig. Wir fanden den Zahnwechsel sehr unspektakulär. Anders bei unserer Tochter. Hier wurde jeder Zahnausfall zelebriert. Sie war ein so kleines Sensibelchen, das schon eine Woche vorher bemerkte, dass der nächste Zahn ausfallen würde. So hatten wir jeden Tag viel Gesprächsstoff zum Wackelzahn. Als es dann so weit war, wollten wir gern beim „Zahnziehen" mithelfen, damit der nur noch an einem „Faden hängende" und manchmal bereits waagerecht liegende Zahn endlich herausfällt. Dazu boten wir ihr viele Lösungen an, wie Zahnarzt spielen oder einen Faden um den Zahn wickeln oder daran ziehen oder mutig selbst herausziehen. Dieser Wirbel um den Zahnabgang wiederholte sich bilderbuchmäßig immer und immer wieder, bis alle Milchzähne heraus waren. Unsere Tochter schaffte es, unsere gesamte Aufmerksamkeit auf sich zu lenken. Am Ende ging alles gut, sie bekam viel Lob und die Zahnfee war auch hier fleißig.

Als unsere Tochter ihren 5. Milchzahn verlor, passierte etwas, was so nicht vorgesehen war. Ich holte die Kassette mit den bereits vorhandenen Milchzähnen, um den neuen Zugang dazuzulegen. Unsere Tochter wollte es jedoch selbst tun. Beim Hineinlegen ihres eingebüßten Zahnes fiel die Kassette durch ihr ungestümes Hantieren herunter. Alle bisher wohl sortierten Zähne, sowohl die vom Sohn als auch von der Tochter, lagen nun gut gemixt und breit verstreut auf dem Fußboden. Unser Vorhaben mit dem Gebiss war im Nu passé.

Eine Zahn-Zuordnung wäre nur noch über eine DNA-Analyse möglich. Für uns war es unmöglich, jedem Kind seine Zähne genau zuzuordnen. So wanderten die Zähne alle zusammen in ein Kassettenfach, wo sie heute noch liegen. Der 18. Geburtstag von beiden Kindern ist auch längst vorbei, sodass sie „ihre" Zähne nicht als Gebiss bekommen haben. Darüber hinaus hatte ich bei der letzten Zahn-Nachzählung festgestellt, dass statt 40 Zähnchen nur 37 in der Kassette lagen. Wo die restlichen drei Zähne geblieben sind, können wir uns nicht erklären, sie könnten vom Fußboden nicht aufgesammelt oder uns nicht überreicht bzw. einfach verschluckt worden sein – auf jeden Fall gibt es keinen Hinweis darauf, dass eins der Kinder heute noch über einen Milchzahn verfügt. Somit gibt es von unseren beiden Kindern keine vollständige Milchzähne-Sammlung.

Nun verfügen wir über 37 leicht vergilbte Milchzähne und stellen uns die Frage, welchen Wert sie für uns haben? Auf Fragen, für die ich nicht sofort eine Antwort parat habe, versuche ich im Internet Antworten zu finden. Nun fand ich es zunächst sehr prosaisch, Google die Frage zu stellen: Soll man die Milchzähne der Kinder sammeln? Dennoch war ich über die Antwort mehr als überrascht, sie lautet: Ja, Eltern sollten die Zähnchen ihrer Kinder in jedem Fall aufbewahren, sie könnten mal der Retter in der Not sein. Sie begründen es damit, dass wenn ein Kind ernsthaft erkrankt, sein Körper eher die eigenen Zellen, als die eines Spenders akzeptiert. Hierzu gibt es Forschungsstudien in den USA, die herausgefunden haben, dass in den Milchzähnen wichtige Stammzellen stecken, die sie für die Gentechnologie so wertvoll machen – dies alles haben wir in den 80er Jahren noch nicht gewusst.

Gewusst haben wir aber auch nicht, dass Milchzähne nach dem Ausfallen möglichst schnell in einem Speziallabor eingelagert werden müssen, damit sie im gesundheitlichen Notfall von Nutzen sein können.

Unser Fazit ist nun, dass dieser 37zählige Milchzähne-Mix derzeit, auch aufgrund der beschriebenen Ereignisse, wertlos ist. Für uns ist es jedoch ein Schatz, von dem wir uns noch nicht trennen wollen. Denn, es ist davon auszugehen, dass die Forschung weiter voranschreitet und es durchaus mal möglich sein könnte, dass mittels einer bestimmten Methode, Stammzellen in toten Zähnen wieder zum Leben „erweckt" werden können. Dann hätten diese Milchzähne wieder eine Chance, sogar im Milchzähne-Mix. So werden unsere Kinder diesen Milchzähne-Schatz wohl erben, worauf sie sich freuen können.

Christiane Eisold, Juli 2023

Perlen - Nachdenkliches

Nun bin ich schon eine Weile bei den „Perlen"; einige Erinnerungsperlen habe ich geschrieben und in die Gruppe eingebracht.

Nachdenklich wende und drehe ich das Wort „Perlen". Dazu fallen mir Sätze ein wie „Du bist eine Perle" oder: „Ich habe eine Perle zum putzen". Ich suche und finde Wörter mit Perle im Internet, einige Beispiele: perlend, Glas-, Holz-, Goldperle, Putzperle, Tautropfen wie Perlen, Gebetsperle, Perlenschnur, Perlenfischer, Perlen vor die Säue geworfen (Redensart aus der Bibel stammend), wenn jemand etwas nicht zu schätzen weiß...
Und bei „Perlen vor die Säue geworfen" klingt bei mir etwas an:
Warum habe ich echten Schmuck, den man mir schenkte, eigentlich nicht mehr in meinem Besitz? Hat mein achtloses Verhalten, dass ich nicht aufpasste auf diesen Schmuck, etwas mit „Perlen vor die Säue werfen" zu tun?

Meine Eltern hatten nie viel Geld, dennoch entschlossen sie sich, uns drei Kindern zu ihrer Goldenen Hochzeit jedem einen Ring zu schenken. Ich erhielt einen Ring mit einem Topas, ich hatte ihn mir sogar aussuchen dürfen. Er schimmerte gold-braun, fast durchsichtig und erinnerte mich an sehr guten schwarzen Tee in einem feinen weißen Porzellan serviert. Oft schaute ich ihn mir an und träumte, als säße ich mit einer Tasse Tee vor einem Kamin.

Ich habe diesen Ring nicht mehr.

Mein Mann schenkte mir, damals war ich schlank, braungebrannt und durchtrainiert, eine goldene Bauchkette. Beim 1. Besuch nach dem Mauerfall suchte ich Orte meiner Kindheit auf und ging mit meinem Mann dort an einen See zum Schwimmen. Ich verlor die Bauchkette; wir suchten lange. Selbst meine „alte" Schulfreundin, die wir das 1. Mal nach 40 Jahren wieder getroffen hatten, suchte mit. Und tatsächlich fanden wir sie wieder.

Dennoch besitze ich diese Kette schon lange nicht mehr! Wo sie abgeblieben ist, weiß ich tatsächlich nicht!

Viele Jahre später fuhren mein Mann und unser jüngster Sohn mit der Mutter meines Mannes nach

Ostpreußen, wo sie herstammte. Ich konnte nicht mitfahren, weil ich mir einen Bänderriss zugezogen hatte. Da die Reise sie in die Nähe von Danzig führte und es dort jede Menge wunderschönen Bernstein- schmuck gab, brachte mein Mann mir einen ganz besonders schönen, sehr filigran in Silber gefassten Ring mit.

Obwohl ich diesen Ring liebte, ihn gern getragen habe- auch diesen Ring besitze ich heute nicht mehr! Hab ich ihn verloren, irgendwo liegengelassen?

Als meine Schwiegermutter in ein Pflegeheim muss- te, begann sie, ihren Schmuck zu verschenken. Mir gab sie ein Goldkettchen mit einem winzigen Dia- manten. Er hatte sicher keinen allzu großen Wert, aber für mich war er etwas ganz Besonderes: Gerade seine Winzigkeit zeigte mir, dass das Kleinste von größtem Wert sein kann. Ich trug ihn nicht zu oft, nur zu besonderen Anlässen, und ich trug ihn sehr, sehr gern.
Dennoch: Ich hab diese Kette mit dem kleinen Dia- mant nicht mehr!
Warum? Ich weiß es nicht!

Natürlich habe ich anderen sehr schönen und kostbaren Schmuck, den ich als Geschenk bekam und noch habe; ich freue mich immer noch sehr darüber. Z.B. liebe ich Mondstein, und ebenso gefällt mir Bergkristall. Ich habe mich auch eine Zeit lang intensiv mit Edelsteinen beschäftigt und mir mehrere Bücher darüber angeschafft.

Aber es wundert mich, dass mir offensichtlich Modeschmuck ebenso gut gefällt wie echter Schmuck, ja, ich echten eben auch verloren habe.

Vielleicht liegt in den Erlebnissen, die einen mit einem Schmuckstück verbinden, mehr Wert als der Schmuck selbst eigentlich wert ist. Ob ich ihn besitze oder nicht, spielt eigentlich letztendlich keine Rolle: Die Erinnerung daran ist das eigentlich Wertvolle.

Der Schmuck –„mein" Schmuck – erzählt über das, was mich mit ihm verbindet, genauso wie all die Erinnerungsgeschichten, die in den Büchlein der „Perlen" zusammengetragen werden.

„Man trägt das vergangene Schöne... wie ein kostbares Geschenk in sich."
(Dietrich Bonhoeffer)

Hanne Pluns, Juli 2023

Perlen machen traurig?

Zum Zeitpunkt der Wende begann unsere große Tochter ihr Studium in Leipzig, unsere kleine Tochter kam in die Schule und das GRW Teltow hatte keine Zukunft. Kurz danach wurde mein Arbeitsverhältnis durch den Konkurs beendet.

Aus Angst vor der privaten Zahlungsunfähigkeit waren wir damals sehr sparsam. In unserem Bekanntenkreis genossen viele schon die neu gewonnene Freiheit, indem sie die große weite Welt eroberten. Wir jedoch fuhren im Urlaub nach Thüringen, zu einer Tante in die Tschechei oder erholten uns einfach nur in unserem Garten.
1997 wurden wir durch die Berichte meiner damaligen Kollegen ermutigt, in den Herbstferien mit unserer jüngeren Tochter Mallorca zu besuchen. Wir hatten uns eine Ferienanlage im Osten der Insel ausgesucht.

Wir waren voller Vorfreude, würde es doch sogar meine erste Reise mit einem Flugzeug werden. Auf der Insel angekommen, genossen wir die Sonne, das Meer, die Pools der Anlage, die Gastronomie im Freien

– selbst der lange Fußweg zum Strand konnte unsere Laune nicht verderben. Wir versuchten, möglichst viel von Mallorca zu sehen, so waren also auch preisgünstige Werbefahrten mit dabei. Man brauchte während der „Info-Veranstaltung" nur drei Stunden standhaft zu bleiben, und schon hatte man für den Rest des Tages einen Ausflug mit offensichtlich sachkundiger und vor allem deutschsprachiger Reiseleitung in eine schöne Umgebung gewonnen.

An einem anderen Tag mieteten wir uns ein kleines Auto und erkundeten die Insel auf eigene Faust. Unser Weg führte uns auch zu einer Fabrik in Manacor, in der seit über 100 Jahren künstliche Mallorca-Perlen hergestellt wurden. Zusammen mit Platin, Gold, Silber oder auch auf Stoff aufgenäht sahen sie einfach herrlich aus. Ich verbrachte viel Zeit in der riesigen Verkaufsausstellung. Die Liebe zu schlichten echten Schmuckstücken habe ich vermutlich von meiner Mutti geerbt, die mir bei Gelegenheit auch immer mal ein Geschenk dieser Art machte. Natürlich gab es auch in Manacor dezente, mit wenig Gold verarbeitete, Perlen. Als mein Mann mit mir gemeinsam ein aus Armband, Kette, Ohrsteckern und Ring passendes Ensemble aussuchte, klopfte mein Herz bis zum Hals.

Es wird zwar immer behauptet – verschenkte Perlen bringen Traurigkeit und jede Perle steht für eine Träne, aber für mich waren es eher Tränen der Freude. Noch immer aufgeregt und glücklich verließ ich mit meinem „Schatz" die Verkaufsausstellung.

Noch heute trage ich die Perlen nur zu besonderen Anlässen und fühle mich gut damit.

Evelyn Barucker, Juni 2023

Zitat:
Perlengeschenke stehen für Traurigkeit. Egal, ob echte Perlen oder falsche: Es sollen so viele Tränen fließen, wie Perlen verschenkt wurden.

Aufgeräumt

Bestimmt geht es mir nicht alleine so. Im fortgeschrittenen Alter wird man gedrängt, seine Habe aufzuräumen, denn irgendwann steht ein Umzug in eine altersgerechte Wohnung auf dem Programm. Altersgerecht? Was ist das eigentlich. Ich glaube Jung und Alt sehen wohl jeweils etwas anderes darin. Ich finde meine vier Wände eigentlich recht gut. Kenne jeden Winkel, jede Schwelle, jede Falte im Teppich.

Na - ja, ganz Unrecht haben die Kinder natürlich nicht. Es hat sich im Laufe der Jahre so einiges angesammelt und der Gedanke, dass das meiste irgendwann in einem Abfallcontainer landet, gefällt mir auch nicht so recht. So habe ich mich nach einer Gesprächsrunde über die Zukunft heldenhaft entschlossen, doch schon mal selber etwas aufzuräumen und mich von einigen nutzlosen Dingen zu trennen.

Also los - jede Woche ein Schrankfach. Oh, ein großer Karton. Das sind ja die Urlaubsbilder, bestimmt vierzig Jahre alt. Ach ja, da waren wir in der Sächsischen Schweiz. War damals unser erster Urlaub im Gebirge. Wunderschön. Hier die Betriebsfahrt.

So sortierte ich, machte lauter Bilderstapel zum weg-
werfen. Muss aber gestehen, am Schluss ging der
Karton etwas besser zu, war aber nicht viel leerer.
Hatte nur die doppelten oder nicht mehr kenntlichen
Bilder weggeworfen. Waren nicht sehr viele.

Aber was ist denn in dem Schuhkarton? Mode-
schmuck der letzten vierzig Jahre. Was sich da so
alles angesammelt hat. Eigentlich hübsche Sachen.
Die lange Korallenkette sah doch super aus, entwe-
der lang zum schlichten Pulli oder zu der Bluse drei-
mal um den Hals gewickelt, man konnte so einiges
damit machen. Ach ja – das war eine Zeit. Wir wa-
ren im Büro irgendwie im Wettstreit. Jeden Tag das
passende Schmuckutensil zur Garderobe, dem je-
weiligen Anlass entsprechend. Es gab auch lustige
Momente bei unserer Putzsucht. Wir hatten natürlich
auch selbst Schmuck gemacht. So hatte eine unse-
rer beliebtesten Kolleginnen eine mehrreihige Kette
aus ganz kleinen bunten Perlen angefertigt. Pass-
te gut zu ihrer schlichten weißen Bluse. Doch dann
passierte das Malheur. Warum auch immer, die Kette
riss und die kleinen Perlen strömten in die Freiheit.
Nicht in die Freiheit, sondern auf den Fußboden des
Hotels und in die Unterwäsche unserer Kollegin. Das
war ein Bild für Götter. Alle Kolleginnen versuchten

auf dem Boden die Perlchen auflesen, unsere Kollegin versuchte, ohne weitere Verluste derselben, auf die Toilette zu kommen. Im BH sind sie nämlich nicht sehr angenehm.

Ach – da sind ja noch die Ketten aus Plasteperlen in verschiedenen Farben und Größen. Man konnte sie zusammenstecken, so die gewünschte Länge herstellen, auch bunt durcheinander, also vielseitig verwendbar. Es gab wohl keine Kollegin, die nicht so einige Teile davon besaß.

Eines muss man uns lassen. Vielseitig waren wir und Fantasie hatten wir auch. Ich habe jetzt natürlich gleich mal so einige Sachen ausprobiert und muss gestehen, was man damals in jungen Jahren als schick empfand, geht heute gar nicht mehr. Es ist aber nicht nur eine Frage der Mode. Zwar auch, aber nicht ausschließlich.

Gerade in diesem Bereich der Schmucksachen spielt das Lebensalter der Trägerin eine sehr große Rolle. Ich liebe immer noch, zur Garderobe die passende Verzierung. Doch mit einer Kette aus Plaste-Perlen würde ich mir doof vorkommen. Jetzt muss Mutters Perlenkette aus echten Perlen ran. Lieblingsstücke sind ein Medaillon aus Silber, ca. hundert Jahre alt und ein filigraner Anhänger, den ich zum Schulanfang bekommen habe. Nicht zu vergessen ein Anhänger, Silber, mit Hirsch, an langer Kette, der zu jedem Pulli passt. In jungen Jahren von meiner Mutter angefertigt, wollte ein Arzt ihn mir für einen dreistelligen Betrag abkaufen. Eine kleine Brosche von Oma, Gold mit mehreren Steinen, fand ich früher doof, heute liebe ich sie und lebe ich ständiger Angst, sie beim Tragen zu verlieren. Modeschmuck liebe ich auch immer noch und bedaure sehr, dass ich wenig Gelegenheit habe, ihn zu tragen.

Bei all diesen Gedanken quält mich immer eine Sorge. Jahrzehntelang habe ich so einige mehr oder weniger wertvolle Schmuckstücke regelrecht bewacht, da an jedem die Erinnerung an liebe Menschen hängt. Aufbewahrt in einer Schmucktruhe, die 1915 meine Mutter von ihrem Vater bekommen hat, der sie selbst für seine Tochter angefertigt hatte.

Nun quält mich die Frage, wem von meinen weiblichen Nachkommen kann ich meine "Schätze" zur Aufbewahrung anvertrauen?

Eva Maria Kluck, Stahnsdorf, 2023

Das Perlen-Geheimnis

Die Perlen der Erinnerung
kann ein Jeder finden.
Sie liegen auf des Herzens Grund,
nie von dort verschwinden.
So leuchtend bunt wie unser Leben,
ruht dieser Schatz, bis man ihn hebt.
Kann uns und anderen Freude geben,
wenn man ans Tageslicht ihn trägt.
Jede Perle prall gefüllt mit Dingen,
lang vergessen im verborgenen Versteck.
Wir bringen ihre Seele nun zum Klingen,
die Erinnerungen werden neu entdeckt.
Die Perlen – wunderschön und inhaltsreich –
sind sehr verschieden, doch im Kern oft gleich.
Wir lieben sie für alle Zeit,
füllen Buch um Buch mit unseren Gedanken.
Gern sind zum Erinnern wir bereit,
überwinden glücklich manche Schranken.
Ist das Werk dann formvollendet,
dem Leser seinen Inhalt bietet dar.
Das Autorenteam sich wendet
den nächsten Perlen zu – wie wunderbar.

Hannelore Wolf, September 2023

Studententreffen mit kostspieligen Folgen

Eines Tages flatterte eine Einladung für meinen Mann zu einem Studententreffen in Warnemünde ins Haus. Da ich die Frau seines Studienfreundes sehr mag, entschlossen wir beiden Frauen uns sofort, unsere besseren Hälften zu begleiten und parallel dazu unser eigenes Programm zu gestalten. Wir buchten gemeinsam ein Hotel in herrlicher Lage direkt am Strand. Beim Einchecken fiel mir sofort eine Vitrine mit dem bekannten „Ostseeschmuck" auf.

Nachdem unsere Männer sich zu ihren ehemaligen Mitstudenten auf den Weg machten, liefen wir am Strand entlang, unterhielten uns lange und angeregt, schwiegen aber auch harmonisch in einem leerstehenden Strandkorb mit Blick auf die Ostseewellen.

Dann bummelten wir über die Strandpromenade, suchten uns für das Abendrot ein nettes Lokal und tranken danach in der Hotelbar noch einen Schlummertrunk. Es war ein Tag wie aus dem Bilderbuch.

Kurz nach Mitternacht hörte ich den gut gelaunten Freund meines Mannes im Nachbarzimmer ankommen. In der Annahme, mein Mann müsse nun ebenfalls im Anmarsch sein, stellte ich mich ans Fenster und suchte mit den Augen die Strandpromenade ab: Weit und breit kein Ehemann zu sehen. Ich versuchte erneut einzuschlafen, aber bei jedem Geräusch schaute ich doch gleich wieder aus dem Fenster.

Endlich – die Sonne war schon aufgegangen – sah ich ihn mit gezückter Kamera in Richtung Hotel kommen. In Hochstimmung filmte er jeden Schritt seines Heimwegs. Schon von weitem winkte er mir fröhlich zu. Zum Ausschlafen blieb ihm danach aber keine Zeit mehr, denn wir mussten das Hotel sehr früh verlassen.

Unsere Freunde hatten die Hotelrechnung schon vor uns bezahlt und warteten vor dem Hoteleingang bereits auf das Taxi. Ich liebe Schmuck und zeigte meinem Mann unterdessen ein aus Ohrringen, Ring und Kettenanhänger bestehendes Goldschmuck-Set mit Bernstein. Völlig gegen seine Gewohnheit schaute er sich die Kollektion an und beschloss, ihn tatsächlich für mich zu kaufen – ich wollte meinen Ohren nicht trauen! Die Bezahlung war aber nur mit Bargeld möglich und der Inhalt unserer Brieftaschen reichte leider nicht aus.

Erledigt, schade – dachte ich. Vor der Tür fragte er jedoch seinen Freund, ob er uns bis zum nächsten Geldautomaten etwas borgen könne. Er konnte! Das war nach über 15 Jahren Ehe der erste Schmuck, den mir mein Mann geschenkt hatte. Ich konnte es nicht glauben und ich bin noch heute davon überzeugt, dass ich das Geschenk nur seiner guten Stimmung und dem im Blut vorhandenen Restalkohol zu verdanken hatte. Ich liebe diesen Schmuck ganz besonders und er ist für immer mit der Erinnerung an dieses schöne Wochenende in Warnemünde verbunden.

Übrigens hatte unserer Freundin der Schmuck so gut gefallen, dass sie sich den gleichen Goldschmuck bei einem späteren Ostseebesuch ebenfalls kaufte, jedoch mit Smaragden verarbeitet.

Evelyn Barucker, Juni 2023

Ein besonderes Schmuckstück

Ich habe mir nie viel aus Schmuck in jeglicher Form gemacht und kann bis heute nicht verstehen, warum „Frau" eine diverse Auswahl an Mode– oder echtem Schmuck besitzen sollte.

Aber ein Schmuckstück besitze ich doch. Es ist ein Armband von meiner Omi Jenny.

Als sie es mir gab, war ich vielleicht 10 oder 12 Jahre alt und ich konnte den Wert des Armbandes damals nicht abschätzen. Instinktiv spürte ich aber in dieser Situation des Schenkens, dass es ihr wichtig war, wer das Stück bekommt, ich glaube sie hat sich im Vorfeld viele Gedanken gemacht. Meine Omi hatte sieben Enkelinnen.

Das Armband ist nur 18 cm lang, besteht aus sieben aneinander gereihten Einzelstücken von denen drei einen blauen Stein in der Mitte tragen.

Omi sagte, es wäre Aquamarin, der würde so gut zu mir passen. Kein Wunder, wird doch Aquamarin wörtlich als „Wasser des Meeres" übersetzt. Ich bin

Sternzeichen „Fische" und habe im März Geburtstag. Sehr wahrscheinlich hatte ich auch den zierlichsten Unterarm aller Enkelkinder.

Omi schenkte es mir in einem besonderen Moment, wir waren beide allein zu Hause bei ihr. Opa war dabei, die Wiese mit einer Handsichel zu mähen.

Ich spürte wie wichtig ihr das Armband und das Schenken war. Sie nahm es behutsam aus der Schatulle und erklärte mir die Bedeutung des Aquamarinsteines.

Er soll Frieden und geistiges Wachstum symbolisieren, hilft bei der Stärkung des Selbstbewusstseins und der Besonnenheit, soll bei depressiven Anfällen helfen, ist unterstützend beim Aufbau von Ausdauer und Durchhaltevermögen, stärkt die Intuition und bringt Gelassenheit.

Sehr bedeutungsvoll und vorsichtig legte sie mir ihr Armband um meinen Unterarm und ich spürte wie froh sie war, dass es mir passte und dass es mir gefiel.

So reiste ich mit dem Armband nach Hause und ich

legte es in eine Holzschatulle.

Jahrelang, ach was Jahrzehnte, habe ich es nicht getragen. Aber als ich heiraten wollte, überlegte ich, was ich wohl „Altes" oder „Blaues" hätte? Und da fiel es mir wieder ein.

Das Armband von Omi Jenny! Ob es wohl noch passt?

Und ja, es passte noch und so war ein Stück von Omi mit bei meiner Hochzeit und ich spürte die Verbindung zu ihr, wie in meiner Kindheit.

Vielen lieben Dank für alles, liebe Omi Jenny.

Beate Martin, August 2023

Die Madonna - von Hand zu Hand

Wem die Madonna ursprünglich gehörte und wie sie in den Besitz meiner Mutter kam, dass weiß ich nicht. Es handelt sich um eine besondere, auch wertvolle Kette aus 585er Gold.

Ich muss sie Ihnen, verehrte Leser, aus meiner Erinnerung beschreiben, weil ich dieses Schmuckstück bereits 2008 an meine Schwester weiter gegeben habe. Der runde Anhänger war das Besondere, ungefähr 3 cm groß im Durchmesser und vielleicht 2 mm dick. Den äußeren Rand dieses Medaillons verzierte eine winzige Rüsche aus Gold. In der Mitte konnte man deutlich eine Madonna erkennen. Diese war aus dem gleichen Gold wie das Medaillon selbst und die Kette, die eine Länge von 45 cm hatte. Die Madonna wirkte hervorgehoben und man erkannte einen Mantel, der die zarte Figur umgab. Alles in allem war es ein besonderes Schmuckstück. Meine Mutti trug die Kette selten, aber zu besonderen Anlässen. Ich glaube, dass dieses Medaillon, wie sie oft dazu sagte, der einzige wertvolle Schmuck, neben ihren Eheringen für sie war. Es gibt Bilder meiner Mutter, auf denen die Kette gut zu erkennen ist.

Im Jahr 2005 wurde der Umzug ins Heim nötig und der Haushalt musste aufgelöst werden. Das war eine schwere und traurige Tatsache für die ganze Familie. In einer Schmuckschatulle lag neben dem Ehering meines Vaters auch die Madonnenkette. Es war mir etwas unangenehm, dass Mutti sagte, ich sollte das bekommen. Hatte sie meine Schwester vergessen? Sie liebte uns eigentlich immer alle gleich und oft half meine Schwester uns bei der Betreuung und Pflege unserer Eltern. Da sie aber in Leipzig wohnte, war das natürlich nicht so möglich, als wenn man im gleichen Ort lebt. Ich erklärte Mutti meine Gedanken und dann willigte sie doch froh ein, dass ich die Eheringe und meine Schwester die Madonnenkette erhalten soll. Nach ihrem Tod im Jahr 2008 wechselte dann dieses Erbstück nach Leipzig. Ich habe meiner Schwester auch gesagt, dass ich verstehe, wenn sie den Schmuck einfach als kleine Investition ansieht, oder ihn zu etwas Anderem umarbeiten lässt.

Meine kleine Schwester ist 2020 ohne Corona, aber unter den schlimmsten Corona-Maßnahmen verstorben.

Wir alle vermissen sie sehr und weder Gold noch Silber sind ein Trost. Im besten Fall können sie eine schöne Erinnerung sein. Meine Nichte in Leipzig wird wissen, was aus der Kette geworden ist. Ich habe nicht gefragt und es ist für mich gut, so wie es ist.

Margrit Prauß, August 2023

 Das Alibi

Meine Mutti konnte nie viel Geld für ihr Outfit ausgeben. Da sie aber stets eine Grundfarbe bei ihrer Bekleidung hatte, gab es immer unzählige Kombinationsmöglichkeiten. Sie nahm nie einfach das oberste Teil vom Stapel, sondern ein, zu dem Rest der Kleidung passendes. Kleine Mühe – große Wirkung! Wir Mädchen in unserer Familie halten es bis heute genauso. Dabei geht es nicht so sehr um die „Außenwirkung", sondern um das eigene Wohlfühlen.

Ein gepflegtes Äußeres wird natürlich durch den passenden Schmuck noch abgerundet. Sie liebte dezenten Goldschmuck – mit und ohne Stein.

Für ihren 70. Geburtstag hatten wir eine größere Feier vorgesehen. Damals, schon zwei Jahre Witwe, war sie mit ihrem kleinen Haushalt schnell fertig. Sie blätterte dann gern in Katalogen und hatte sich so schon einen hübschen Hosenanzug mit passender Bluse für ihren großen Tag ausgesucht und bestellt. Die Bluse war beige, wie der Hosenanzug, und hatte ein dezentes grünes Muster. Am Ende des Kataloges folgten noch einige Schmuckseiten, die ihr dann sechs Wochen Kopfzerbrechen bereiten sollten. Sie hatte einen Ring und einen Kettenanhänger entdeckt, die jeweils einen Jadestein in der Farbe der Bluse besaßen.

Sie fand es nicht angebracht, sich in ihrem Alter noch Goldschmuck zu kaufen, fragte mich aber mehrfach nach meiner Meinung. Meine Ermutigungen – sie solle sich doch ihren Wunsch zum Geburtstag selbst erfüllen – halfen nicht.

Nach mehreren Wochen überraschte sie mich mit der Frage, ob ich diesen Schmuck als Erbstück tragen würde. Da bei mir jedoch auch alles zusammenpassen muss, äußerte ich meine Bedenken wegen der fehlenden Ohrstecker, die bei mir zu einem kompletten Set gehörten. Über ihr Gesicht ging ein Strahlen und plötzlich war die Entscheidung gefallen. Sie bestellte den Schmuck jetzt ohne weitere Bedenken mit den passenden Kreolen, weil er ja später für mich gedacht war.

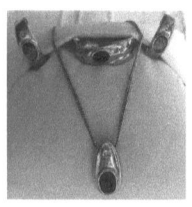 Mit mir als Alibi hatte sie noch 16 Jahre Freude an diesen Goldstücken.

Immer wenn ich heute das Jade-Set trage oder in meinem Schmuckkasten ansehe, denke ich an meine Funktion als Alibi und bin eine Weile in Gedanken bei meiner Mutti.

Evelyn Barucker, Juli 2023

Schmuckstücke

Als wir noch Kinder waren, hörten wir in vielen Märchen von Schätzen aus Gold und Silber, Perlen und Edelsteinen. Damit schmückten sich die Kaiser und Könige und ihre Familien. Wir träumten damals manchmal davon, wie eine Prinzessin auszusehen. Dieser Traum wurde jedes Jahr für einige Mädchen zur Faschingszeit wahr, natürlich ohne „echtes Geschmeide".

Wir lebten zu der Zeit in Verhältnissen, die den Kauf von Schmuckstücken an das Ende aller Wünsche stellte. So fertigten wir Mädels uns diese Zierde aus allem, was Natur und Umwelt bot, selbst an. Apfel-und Sonnenblumenkerne dienten als Perlen zum Auffädeln für kurze oder längere Ketten. Aus kleinen gerollten Papierstreifen entstanden längliche Formen, die mit Lack überzogen im Sonnenlicht glänzten. Wer an der Ostsee das große Glück hatte, einen „Hühnergott" zu entdecken, besaß einen wunderbaren Anhänger.
Eine Kette aus kleinen weißen Muscheln zierte einst meine sonnengebräunte Haut. Sie war ein richtiger Blickfang und machte mich ganz stolz. Somit be-

wahrheitete sich der Ausspruch: Not macht erfinderisch!

Die Liebe zu einfachen Materialien für hübschen Schmuck aller Art blieb mir erhalten. So trug ich als Jugendliche und erwachsene Frau meist Modeschmuck in den verschiedensten Varianten. Das in reichen Farbpaletten vorhandene Angebot ermöglichte es, mein tägliches Outfit farblich passend zu gestalten. Natürlich wählte ich zu besonderen Anlässen edleren Schmuck, um die Festkleidung entsprechend zu betonen. In meiner Schmuckschatulle ruhen bis zu ihrer Verwendung Gold-und Silberkettchen mit und ohne Anhänger sowie die farblich passenden Ringe. Ohrstecker besitze ich nicht, da meine Ohrläppchen keine Metalle vertragen. Manchmal entdecke ich wunderschöne Armreifen im Schmuckladen, aber diese modischen Accessoires passen nicht zu mir.

So bleibe ich weiter meiner Vorliebe treu und trage am liebsten den vielseitigen Modeschmuck!

Hannelore Wolf, Juli 2023

Es ist nicht alles Gold, was glänzt

Unsere Tochter, 5 Jahre alt, verbrachte den Sommer 1985 bei ihren Großeltern in Mecklenburg-Vorpommern. Dort war sie die Prinzessin und fühlte sich frei. Meine Eltern liebten an ihr die natürliche, kindlich-naive Art, dass sie kess und nicht schüchtern und auch willensstark war. Sie freuten sich einfach, dass ihre Enkeltochter sie besuchte und Leben ins Haus brachte. Natürlich war sie sauer darüber, dass ihre Eltern nicht bei ihr bleiben konnten, doch diese Bedrücktheit war nur von kurzer Dauer, denn es war auf dem Bauernhof spannend und es gab so viel zu sehen und zu erleben. Sie lief den Enten, Gänsen und Hühnern hinterher, liebte die Katzen und auch den Hund, Tino, der eigentlich nur auf meinen Vater hörte, doch sie hat sich in Windeseile auch sein Herz erobert. Sie lebte dort richtig auf, bekam eine gesunde Hautfarbe und, worüber mein Vater besonders stolz war, sie nahm auch an Gewicht etwas zu, was uns besonders freute. Mein Vater wog sie auf der Sackwaage zu Beginn und am Ende des Aufenthalts - das war immer ein Gaudi.

Was kann man sich mehr wünschen als ein Kind, das den ganzen Tag, bei jedem Wetter, an der frischen Luft verbringt und rundum glücklich ist. Die Freundschaft mit Tino war so eng, dass unsere Tochter sogar meinte, mit ihm Zeit in seiner Hütte zu verbringen. Das war für ihn neu. Er knurrte anfänglich und war darüber nicht erfreut, ließ es aber zu. Meine Mutter musste nun allabendlich unsere Tochter „entlausen". Die Hundehütte auf einem Bauernhof ist nicht in der wöchentlichen Haus- und Hofpflege enthalten, sodass sich hier schon kleine Tierchen verstecken können, die nicht in die Wohnung getragen werden sollten.

Unsere Tochter war grundsätzlich eine schlechte Esserin. Wovon sie nie genug bekommen konnte, waren Süßigkeiten, die es bei uns eher rationiert gab. Bei Oma und Opa haben wir gern alle Augen zugedrückt. Denn ich wusste, dass meine Mutter es nicht übertreiben würde. Mein Vater war auch so ein „Süßer", der von Schokolade, Pralinen oder Bonbons nicht genug bekommen konnte. In diesem Punkt waren sich Enkeltochter und Opa sehr ähnlich und auch immer einig.

Unsere Tochter ging mit meinem Vater am liebsten in den Dorfkonsum einkaufen. Dieser Laden war nicht

nur ein Konsum, sondern auch eine Begegnungs-
stätte für die Dorfbewohner. Sie lernte dort fast alle
Leute des Dorfes kennen und konnte mir viele Ge-
schichten von den Familien erzählen, mehr als ich je
gewusst habe. Wir waren darüber sehr amüsiert.

Mein Vater quatschte mit den Leuten und der Laden-
besitzerin, alle waren „per Du". Sie tauschten Neu-
igkeiten zum täglichen Angebot, zu Ereignissen im
Dorf sowie zur politischen Gesamtlage aus – das kann
schon mal dauern. Unsere Tochter konnte nicht mit-
reden, insofern nutze sie die Zeit, um sich im Laden
umzusehen. Sie ging selbst gern auf Entdeckungs-
reise, um sich die Süßigkeiten anzusehen, was sehr
spannend war!

Nachdem eine längere Zeit der Unterhaltung vergan-
gen war, hatte es mein Vater plötzlich sehr eilig. Bei
meinen Eltern war der Tag durchstrukturiert, es gab
immer pünktlich um 12 Uhr Mittagessen – das hatte
er selbst so festgelegt.

Unsere Tochter half beim Einpacken der eingekauf-
ten Nahrungsmittel. Die freundliche Ladenbesitze-
rin steckt ihr, wie jedes Mal, noch etwas Süßes zu.
Doch bevor mein Vater bezahlen konnte, sagte un-

sere Tochter zu ihm: „Opi, schau mal, da liegen in Gold eingewickelte Bonbons, kann ich davon welche haben?" Sie sah das Gold und brachte es mit einem „Schatz" in Verbindung, den sie unbedingt besitzen wollte. Mein Vater war so in Eile und sagte zu Kassiererin: „Gib mir doch mal von dem in Gold Eingewickelten eins rüber." Unsere Tochter strahlte, schien jedoch enttäuscht: „Warum nur eins, Opi?" Er blickte wieder zur Kassiererin: „Gib eine Tüte voll, damit das Kind zufrieden ist." Sie tat, wie gewünscht. Unsere Tochter war überaus glücklich und selig. Beide eilten nach Hause.

Meine Mutter wartete längst mit dem Essen und war deshalb schon gereizt. Sie sah die Tüte, die unsere Tochter fest in Händen hielt, und legte kurzum fest: „Süßes wird nach dem Mittagessen gegessen." Aber das war ja sowieso klar.

Unsere Tochter freute sich auf ihre Tüte mit dem Goldschatz. Jedes Stück steckte im goldenen Papier, wie schön das aussah. „Ich habe einen Schatz!", sagte sie leise zu sich und dachte: „Einen Bonbon kann ich mal probieren." Es war gar nicht so leicht, ihn auszuwickeln. Endlich, war einer raus. Sie steckte ihn in den Mund und fing sofort an, darauf herumzukauen. „Ihhh", schrie sie aus ihrer Ecke: „Oma, Oma – Hilfe!" Meine Eltern waren sofort bei ihr. Mein Vater fragte aufgeregt: „Was ist denn los, warum schreist Du so, als würde Dich jemand vergiften?" Sie schrie mit offenem Mund und ausgestreckter Zunge. Meine Mutter schaute auf das Bonbonpapier und schüttelte nur den Kopf. „Wer hat Dir denn gesagt, dass Du ‚Maggie-Brühwürfel' essen sollst?" Sie befreite unsere Tochter von der breiigen Masse und brachte Wasser zum Mundausspülen.

Meine Mutter war darüber sehr verärgert und wunderte sich, dass mein Vater so viele Brühwürfel eingekauft hatte. „Warum?" fragte sie „und dann noch so viele, die kein Mensch braucht!" Mein Vater gab zu, dass er nicht genau hingeschaut hatte, dass er in Eile war… und er doch nur eine Freude mache wollte. „Sie war doch so angetan von diesen ‚Goldenen Bonbons'!" „Oma, ich wollte doch dieses Gold", sagte sie kleinlaut. Meine Eltern mussten über diese Geschichte recht bald schmunzeln und steckten damit auch unsere Tochter an, die dem Traum vom Goldschatz noch etwas nachhing.

Dieses Erlebnis lehrte unsere Tochter, dass in Wirklichkeit nicht alles Gold ist, was glänzt - es nicht so ist, wie es auf den ersten Blick erscheint. Was oft kostbar, wertvoll und großartig zu sein scheint, ist in Wirklichkeit oft wertlos, enttäuschend und wie in dieser Geschichte, schmeckt es auch noch schlecht.

Christiane Eisold, August 2023

Mein Ehering

Ich trage 2 Eheringe, einen links und einen rechts. Warum? Das ist meine Geschichte zum Thema Perlen und Schmuck.

Als ich vor 40 Jahren geheiratet habe, gab es noch die DDR. Und es gab nicht immer alles. Darüber wurde und wird lang und breit berichtet, das will ich nicht weiter ausbreiten. Es war aber auch schwierig, goldene Ringe zu bekommen. Wenn es mal goldene z.B. Eheringe gab, dann waren die wirklich schön, fein geschliffen oder mit Hammerschlag gearbeitet.

Wir suchten lange, fanden aber nichts, was mir gefiel. Wir kauften die Null-acht-fünfzehn-Ringe, damit die schon mal zur Sicherheit vorhanden waren. Mein Mann würde nie einen Ring tragen, also brauchten wir nur nach einem echten Ring zu schauen.

Im November fuhren meine Eltern, meine Schwester und ich in einen Kurzurlaub an die Ostsee. In einem Schmuckgeschäft sahen wir sehr schöne Eheringe aus 333er Gold. Angenehme Breite, schöner Schliff, sie leuchteten in der Auslage wunderbar.

Wir gingen hinein, ich probierte und hatte Glück. Diese kleine Größe war noch vorhanden. Wir fragten nach dem Preis und dann war meine Freude plötzlich erloschen. Nicht nur, dass der Ring recht teuer werden würde, nein – es musste Altgold abgegeben werden. Gut, das war's dann also. Tuch nehmen – sich den Traum aus den Augen wischen.

Wir verließen das Geschäft und niemand verlor mehr darüber ein Wort. Wir genossen den restlichen Tag, spazierten durch die kleine Stadt und trotzdem geisterten meine Gedanken zu dem schönen Ring.

Am nächsten Tag sagten meine Eltern, dass wir nochmals zu diesem Goldschmied gehen wollten. Mir war nicht klar warum, aber wir gingen.

Im Laden nahm meine Mutti einen ihrer Ringe vom Finger und gab ihn zur Schätzung über den Ladentisch. Ein so schöner Ring war es. Der Reif eher schlicht, aber aus 585er Gold und mit hohem Aufbau für den Stein. Dieser große Stein war allerdings wunderschön, mit einem eingeschlossenen Insekt. Was es für ein Stein war, das weiß ich nicht mehr, aber die Verkäuferin war überaus begeistert. Und diesen schönen Ring wollte meine Mutti abgeben. Ich war unglaublich gerührt.

Aber mein Vati war sehr geschickt im Verhandeln. Er bemerkte sehr wohl, dass der Ring ein tolles Stück sein musste und man ihn gern hätte haben wollen. Er sagte, dieser Ring müsse als Abgabe für 2 Eheringe reichen. Sonst würden meine Eltern den Ring nicht abgeben. Es wurde gewogen, gerechnet und der Chef musste dazu geholt werden. Und es klappte. Meine Eltern kauften für meine Schwester und für mich je einen dieser Eheringe, wofür meine Mutti einen ihrer Ringe abgegeben hatte.

Ich trage diesen Ring noch heute an der linken Hand. Den zweiten Ehering, ebenfalls in 333er Gold erstanden wir dann etwas später in Potsdam. „Bückdichware". Und mein Mann und ich waren zum richtigen Zeitpunkt am richtigen Ort. Diesen Ring konnten wir ohne Altgoldabgabe bekommen. Und auch hier war es Glück, denn es gab nur diese eine, sehr kleine Größe, die anderen waren schon ausverkauft. Er war mit Hammerschlag gearbeitet, schlicht und auch er glänzte im Licht.

Bei der Eheschließung selbst wurde die Zeremonie mit den Doublé-Ringen durchgeführt. Ich sehe heute noch die etwas pikierten Blicke der Standesbeamtin zu den „Billigringen".

Beim Gottesdienst steckte mir Mann dann aber den schönen goldenen Ring an.

Und so kommt es, dass ich zwei besondere Eheringe trage. Beide sind nach den Jahren viel glatter geworden, der schillernde Schliff ist fast weg, der Hammerschlag nicht mehr zu erkennen, denn ich trage sie immer. Vom Aussehen her sind sie also „nichts Besonderes", die Geschichte dahinter aber, sehr besonders.

Carmen Sabernak, August 2023

Nie wieder?

Es war die Zeit der Kaffeefahrten. Da wir ja viele Jahre kaum verreisen konnten, wurde jede Gelegenheit genutzt etwas zu unternehmen. Wenn dann noch versprochen wurde, dass wir den Jahrmarkt im Himmel besuchen würden, waren sehr viele, besonders Rentner, bereit die Leiter zu holen, um heraufzukommen. Was wurde nicht alles versprochen. Ein kostenloses „Fresspaket", die Heilung des Rückenleidens durch besondere Medikamente, Schlaflosigkeit würde es auch nicht mehr geben, dank der Schafwollbettausstattung. Kostenloses Mittagessen gab es natürlich auch. Na ja – hungrige Leute wären bestimmt keine guten Käufer, zumal das mickrige Essen in dem kleinen Unkostenbeitrag, den jeder für die Fahrt entrichten musste, bestimmt enthalten war. Im Nachhinein gesehen waren die Fahrten der Nepp des Jahrhunderts. Sie hatte allerdings einen Nutzen. Es lernten sich viele Senioren kennen, kamen aus ihrer Einsamkeit heraus. Fuhren dann oft in kleinen Gruppen mit.

Wir, mein Lebensgefährte und ich, hatten interessehalber und auf Empfehlung eines Freundes zweimal teilgenommen. Unsere Einschätzung: Einfach schrecklich! Allerdings faszinierte mich der Verkäufer. Ich hatte ja schon viele Moderatoren erlebt. Auf den Verkaufsfahrten war es der Höhepunkt der Erfahrung. Unvorstellbar wie einer den fünffach überhöhten Preis als Schnäppchenangebot darstellen kann, um im nächsten Augenblick zu beweisen, dass die Zweifler daran zu dumm sind, Geld zu verdienen. Wir haben uns jedenfalls gesagt: „Nie wieder".

Es kam jedoch etwas anders. Ein Freund kam und bot uns seine gebuchte Kaffeefahrt an. Es handelte sich um eine Viertagesfahrt nach Prag mit verschiedenen Ausflugszielen, die er vor ein paar Wochen gebucht und auch bezahlt hatte. Leider war er jedoch verhindert, wollte aber die recht attraktive Fahrt nicht verfallen lassen. Wir kannten Prag und waren nicht interessiert, zumal die Kosten auch nicht ganz ohne waren. Unser Freund war enttäuscht, überwand sich dann und sagte egal: „Nehmt die Fahrt geschenkt, denn sie ist bezahlt und die Veranstalter sollen den Preis nicht ohne Leistung bekommen". Da konnten wir einfach nicht mehr "Nein" sagen und haben die Fahrt angetreten.

Das war dann erst einmal Horror pur. Erst die Teil-

nehmer einsammeln. Es dauerte ewig, da der Bus-
fahrer ortsunkundig war. Wir kamen nach ca. zwei
Stunden in der Raststätte Michendorf an. Der Fah-
rer, er kam aus den westlichen Bundesländern, teilte
uns mit, dass wir uns ruhig einen Frühstückskaffee
gönnen könnten, da der Bus leider defekt war und
er noch nicht weiß, wie es weitergehen würde. Wir
hatten dann doch Glück. Ein weiterer Bus kam auf
den Parkplatz. Der Fahrer war ortsansässig, vom Be-
ruf her, einst Kfz-Schlosser und hat unseren Bus als
Kollege mal schnell repariert. Nun ging es ab nach
Prag. Denkste! In einen Nachbarort. Dort erwartete
uns eine miese Unterkunft. Da war dann selbst die
Geduld der genügsamen Kaffeefahrtteilnehmer zu
Ende, zumal uns kundgetan wurde, dass für die Ver-
pflegung ein nicht unerheblicher Zuschlag zu zah-
len war. Es musste allerdings dann trotz Protest bis
zum nächsten Morgen ausgeharrt werde. Dann kam
ein wirklich sehr netter und auch kompetenter Ange-
stellter des Reisebüros. Er entschuldigte sich und wir
wurden umquartiert.

Es ging nach Marienbad in ein Superhotel. Dort fand
dann eine Verkaufsveranstaltung statt. Der Veran-
stalter hat bestimmt noch nie so viel verkauft wie an
diesem Tag, denn alle waren glücklich ob des Umzu-

ges nach Marienbad. Wir hatten später auch noch Zeit die herrliche Gegend zu genießen. Am nächsten Tag ging es dann endlich nach Prag. Nach dem üblichen Rundgang durch die Altstadt stand die Besichtigung einer Schmuckfabrik mit Einkaufsmöglichkeit auf dem Programm. War ein Teil des Verkaufsfahrtsangebotes, von dem viel Gebrauch gemacht wurde. Ehrlich, mir fehlte dazu etwas Kleingeld, denn preiswert, war das alles nicht. Schlimm war dann allerdings, dass wir auf unsere Kaufunlust angesprochen wurden und nun „Einzelbetreuung" hatten. Mein Lebensgefährte fragte mich dann genervt, ob ich nicht schon immer einen besonderen Ring wollte. Da hatte ich nun den "Schwarzen Peter".

Mir fiel, „Gott sei Dank", dazu etwas ein und ich fragte, warum ich bei der Besichtigung des Schmuckangebotes keinen Ring mit Perle gesehen habe. Der würde mir, passend zu meiner Perlenkette, fehlen. Nun hatte der Verkäufer ein Problem. Er führte uns zu Auslage mit unzähligen Ringen. Wurde immer bedrückter, denn er fand nur zwei sehr billig wirkende Exemplare. Einen Ring mit einer grauen und einen mit einer rosa Perle. Ach da war noch einer mit einer Rosette aus perlmuttschimmernden Perlen. Auch nur schrecklich. Nun fragte ich den Verkäufer, ob er der Meinung war, dass einer der Perlenringe zu meiner

Kette, die ich trug, und die war ein Erbstück aus echten Perlen, passen würde. Ehrlicher Weise verneinte er und meinte, da müsste seine Firma noch nachbessern.

Nun hatten wir unsere Ruhe. Mein Lebensgefährte fragte mich, ob ich denn einen passenden Ring gekauft hätte. Er war dann etwas irritiert, als ich ihm sagte: „Nicht gekauft. Ich dachte, ich bekomme ihn von dir geschenkt". Seine Gesichtszüge entgleisten etwas, aber sein nächstes Geschenk war ein Ring. Allerdings ein goldener Freundschaftsring.

Der Tag war schließlich noch recht schön. Wir besuchten den Jüdischen Friedhof, eine sehr schöne Anlage. Zum Abschluss gab es noch eine Dampferfahrt auf der Moldau. Zurück in Marienbad gab es ein opulentes Abendessen.

Eigentlich war es eine interessante Fahrt. Es war alles enthalten. Pleiten, Pech und Pannen – aber auch schöne Momente. Trotzdem sind wir aber dabei geblieben.
= Nie wieder Kaffeefahrt =

Eva Maria Kluck, Stahnsdorf, 2023

Die Geburtstagskarte

Vor vielen Jahren bekam ich sie von einer lieben Freundin. Oben dick gedruckt steht mein Name „Margrit" und darunter lauter gute Eigenschaften, die man mit dem Namen in Verbindung bringt – sehr wohlwollend, versteht sich!

Zur Schreibweise von Margrit kann ich von unzähligen Varianten, Veränderungen und neuen Namensfindungen berichten. Was und wer ich schon alles war und zum Teil noch bin. Unglaublich! Aber auf dieser Karte steht genau und richtig „Margrit".

Die griechisch-lateinische Übersetzung lautet „Perle". Das war mir neu. Eine Perle zu sein, für Menschen oder für jemanden ganz persönlich, ist ja Aufgabe und Ehre zu gleich. Viele Gedanken gehen mir dazu durch den Kopf. Ich wusste, dass ich diese Perlenkarte aufgehoben hatte. Sie lag in dem besonderen Karton, der viele, in Jahren gesammelte, ideelle Perlen beinhaltet.

Im 10. Jahr des Bestehens schreiben wir nun ein Jubiläumsbuch, unser „Perlenbuch" für Sie und für uns.

Die Begebenheit mit der Geburtstagskarte passt gut zum Thema. Als ich die Karte damals bekam, wusste ich noch gar nichts von der Schreibgruppe, von den Büchern mit der Überschrift „Perlen unserer Erinnerungen".

Seit 2017 bin ich dabei und wir haben uns erweitert – wie schön. Unsere Chefin Carmen hatte den netten Gedanken von den Perlensammlerinnen. Sie ist die Geschichtensammlerin. Wir finden es schön, sind vertraut miteinander und bereit, Erinnerungen und Gedanken zu teilen, die manchmal auch sehr persönlich sind. Unter uns sind wir einfach die Perlen. So schließt sich ein Kreis mit dem Begriff Perle auf der Geburtstagskarte und dem Jubiläumsbuch unserer Schreibgruppe.

Perlen als Schmuck ist auch ein Thema, vielleicht in einer neuen Geschichte.

Margrit Prauß, Juli 2023

Margrit

Griechischer, Lateinischer Name;
Die Perle

Sie kann sich hervorragend
anpassen und ist sehr ausgeglichen.
Ist humorvoll, kreativ veranlagt, sehr
gesellig und gastfreundlich. Sie
arbeitet hart und Erfolg im Leben.

Margrit ist
ein toller Name.

Wichtige Geschenke

Am Anfang war ein gutes Wort,
das setzte sich in Schnelle fort.
Es ging von Haus zu Haus,
von der Stadt durch's Land
und war bald überall bekannt.

Es hieß Menschlichkeit.
Gerade zur Weihnachtszeit
laßt uns daran denken
und Freude, Wärme, Zeit verschenken.

Die sind wichtiger als Gut und Geld.
Dadurch wird sie besser, uns're Welt.

Gela, 1. Dezember 2019

Unsere Reise – meine Perle

Es ist der am weitesten entfernte Ort, an dem ich je war. Auf der Südhalbkugel unserer Erde waren wir – in Neuseeland und in Französisch-Polynesien im Südpazifik. Fremd und schön, Sommer im Januar, voller Farben und Musik, schöne Mädchen mit Blüten im Haar, braune, junge Männer mit ihren Tattoos. Der Flughafen von Papeete auf Tahiti war so klein. Als wir landeten spannte sich ein Regenbogen über dem Gelände. Die Kontrollen nebensächlich, stattdessen wurden wir mit den Melodien der Einheimischen empfangen. Hier auf Tahiti verlängerten wir unseren Traum von Neuseeland um 6 Tage, bevor die lange Reise ins winterliche Deutschland anstand. Mit unseren Freunden, zu viert, waren wir dort. Wir saugten alles in uns auf und die Fotos, Videos, Bildbände usw. können nicht wiedergeben, was wir erlebt haben.

Auf Tahiti spricht man Französisch. Moni mit ihrem guten Englisch war eine Alternative und oft unsere Rettung. Überall gab es neben vielen schönen Dingen die schwarzen Tahiti-Perlen, das Symbol der Südseeinseln. In verschiedenen Größen und Preislagen wurden sie angeboten, die Auswahl war riesig. Man sagte uns, die günstigen wären aus Zuchtstationen, während die teuren Perlen von den Tiefseetauchern aus dem Meer geholt werden. Für uns stand fest, dass wir uns eine Perle leisten, wenn wir auch nicht mehr viel Geld für so ein Souvenir übrig hatten. Der Busfahrer, mit dem wir eine Inselrundfahrt unternahmen, war ein geschäftstüchtiger Tahitianer und sein Bruder der Besitzer eines Perlengeschäftes in Papeete. Jeder Fahrgast bekam von ihm eine Rabattkarte über 50 % des Preises einer schwarzen Perle im Geschäft seines Bruders. Vor Ort, so sagte er, gäbe es noch andere kleine Nachlässe – super. Es stimmte wirklich.

Auf der Rundreise über die Insel haben wir neben all dem Schönen, den exotischen Pflanzen und Tieren auch viel Armut gesehen. Doch die Menschen machten einen zufriedenen, glücklichen Eindruck. Sie leben ihre Traditionen und betonten, wie wichtig der Tourismus für sie ist. Dieser ist dort aber eher individuell und sanft.

Ja, die schwarzen Perlen sind es, sie sind die Besonderen. Wunderschön glänzen sie, anthrazitfarben und perlmuttähnlich, in der Sonne. Wir standen in dem Geschäft mit Perlen als Ketten, als Anhänger, als Ohrringe und als Fingerringe verarbeitet. Moni und ich wünschten uns eine einzige echte Perle als Anhänger an einem zarten Silberkettchen. Unabhängig voneinander entschieden wir uns für die gleiche, schöne, schwarze Perle aus Tahiti.

„Unsere" Perle ist 1 cm groß im Durchmesser und steckt in einer silbernen Fassung, die dem Schmuck die Form eines Tropfens gibt. Das Kettchen ist 25 cm lang. Sie sieht so schön aus, diese Perle. Ich trage sie oft einfach so, wenn es passt. Es ist auch fast egal, ob sie wirklich „echt" ist. Das Besondere dabei sind die Erinnerungen an die Reise unseres Lebens im Jahr 2011, an ein irdisches Paradies weit weg von hier, an die Menschen, ihre Strände und Märkte und an Sonnenuntergänge am anderen Ende der Welt.

Margrit Prauß, Juli 2023

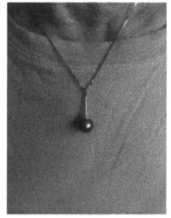

Unser Leben

Leben ist – mehr als rackern, sich sorgen.
Leben ist – mehr als warten auf morgen.
Daß endlich kommt ein schöner Tag,
den ich so gerne mit euch mag.

Leben ist – mehr als hetzen und jagen,
Leben ist – mehr als zweifeln und fragen,
wann werde ich die Kraft haben,
mich an dem Festtag zu erlaben?

Leben ist – auch träumen und lachen.
Leben ist – miteinander Späße zu machen.
Leben ist – auch geben und nehmen,
sich seines Daseins nicht zu schämen.

Mal ernst, mal lustig soll es sein
und gesund, das wäre fein.
Wir brauchen kein Leben in Saus und Braus.
Doch machen wir das Beste daraus.

Gela, 24. Juli 2023

Wir feiern uns und unsere Schätze

Nun ist es soweit, sie haben die letzte Geschichte aus unserem Jubiläumsbuch gelesen.

10 Jahre „Perlen aus unseren Erinnerungen", wie schnell doch die Zeit verflogen ist. Ich freue mich schon immer sehr auf „unseren" 3. Mittwoch im Monat, auf Frauen (manchmal auch Männer), die viel im Leben erlebt, erfahren, erlitten haben. Die wunderschöne und tieftraurige Erfahrungen gemacht haben und darüber berichten. In der AWO in Teltow treffen wir uns, haben dort eine angenehme Atmosphäre, können bei Kaffee (wer mag auch Kuchen) und Tee oder Wasser unsere Geschichten lesen oder auch mal unsere Sorgen loswerden. Es ist eine vertrauensvolle Arbeitsgruppe entstanden, geprägt von Respekt und auch einer gewissen Fürsorge. Wenn jemand mal nicht da ist, dann wird mit Sicherheit nachgefragt, ob vielleicht eine Krankheit oder sonstige Kümmernisse eine Teilnahme verhindert haben.

Mein Gedanke damals war: „Das sind die Geschichten,

die im Familienkreis vielleicht zum xten mal erzählt werden und niemand hört mehr richtig hin. Jetzt aber sind sie aufgeschrieben und können nicht mehr verloren gehen. Wer möchte, kann nachlesen". Und darum sammle ich weiter Geschichten, freue mich, wenn „meine Perlen" aus dem Leben berichten oder auch Anmerkungen zum Zeitgeschehen haben.

Ich freue mich auf weitere Geschichten, Gedichte, Bilder und auf die vielen guten Gespräche.

Jetzt aber feiern wir uns und unsere Bücher-Schätze, wir treffen uns zu Kaffee und Eis und plaudern.

Carmen Sabernak, Geschichtensammlerin, August 2023

Die Autoren:

GELA (Jahrgang 1943)
Hobbies: Theatergruppe, Wandern

Eva-Maria Kluck (Jahrgang 1935)
Geboren in Berlin, von 1936 bis 1997 in Kleinmachnow gelebt, danach in Stahnsdorf.

Berufe: Maßschneiderin und Wirtschaftskauffrau Sie war als Angestellte im Rat der Gemeinde Kleinmachnow, in der Landwirtschaftsbank in Potsdam und von 1975 bis 2000 im Gesundheitswesen (Geschäftsleitung, ab 1997 Leiterin des Seniorenbüros AVUS) in Teltow tätig.

Hobbys: Aus dem Leben schreiben: Anekdoten, bissige Leserbriefe, Glossen und Familiengeschichte, ehrenamtliche Tätigkeit in Selbsthilfegruppen.

Margrit Prauß (Jahrgang 1947)
ist in Sachsen geboren und aufgewachsen.

Beruf: Krankenschwester, Ausbildung med. Fachschule Hubertusburg Wermsdorf.
Seit 1969 wohnt sie in Teltow, hat 2 Töchter und 4 zauberhafte Enkelkinder. Sie liebte immer schon „Deutsch" in der Schule, schrieb gerne Aufsätze, später Briefe. Gedanken, Erinnerungen und Erfahrungen aus ihrem Leben zu formulieren macht ihr viel Freude und sie gibt diese gern weiter.

Hannelore Wolf (Jahrgang 1944)
geboren in Westpreußen, nach der Flucht aus Danzig in Mecklenburg aufgewachsen, Ausbildung zur Kindergärtnerin im Schweriner Schloß. Umzug 1963 nach Leipzig, Heirat und Umzug 1967 nach Teltow.

Tätig als Kindergärtnerin, Wechsel in die GRW-Bibliothek, nach der Wende als Sachbearbeiterin im Sozialamt Teltow, seit 2009 Rentnerin.
Sie ist verheiratet, hat 3 Kinder und 4 Enkelkinder.

Hobbys: Singen im Chor, Mitglied einer Sportgruppe, Reisen und Tanzen, Verfassen von Versen zu bestimmten Anlässen sowie spontanes Schreiben kleiner Gedichte!

Evelyn Barucker (1949 in Potsdam geboren)
Sie lebt seit 1953 in Kleinmachnow und seit 1971 in Teltow. Sie vermisst die ungeschriebenen Geschichten ihrer Eltern und Großeltern und möchte deshalb einige Erlebnisse für ihre Kinder und Enkelkinder erhalten.

Beate Martin (Jahrgang1964)
Sie lebt in Jüterbog, hat einen großartigen erwachsenen Sohn, liebt die Ostsee und die Ruhe in der Natur.

Christiane Eisold (Jahrgang 1953)
Sie ist in Mecklenburg-Vorpommern geboren und aufgewachsen. Sie hat in Dresden studiert, war viele Jahre in der Forschung und ebenso viele Jahre in der Forschungsorganisation tätig. Seit 1976 wohnt sie in

Teltow. Christiane Eisold ist verheiratet und hat zwei erwachsene Kinder und drei Enkelkinder.

Schon in der Schulzeit liebte sie das Fach Deutsch, schrieb gern Aufsätze und bis heute liebt sie Kurzgeschichten.

Mit Eintritt in den Ruhestand denkt sie stärker über die Familiengeschichte nach und findet Begebenheiten, die es wert sind, nicht vergessen zu werden.

Hanne Pluns (Jahrgang 1943)
Geboren in Wriezen / Oderbruch
Mit 10 Jahren aus der DDR mir ihren Eltern geflohen
2 Jahre Aufenthalt in Flüchtlingslagern
Abitur in Hildesheim
Sozialarbeit in Hannover studiert, dort ihren Mann kennengelernt
25 Jahre Leiterin einer Eingangsstufe in einer Grund-Sonderschule in Berlin
Ausbildung zur Gestaltpädagogin an der TU Berlin
Nach der Wende in ihre Heimat zurückgekehrt, dort als freischaffende Künstlerin gelebt
2018 mit ihrem Mann nach Teltow gezogen; hat 2 erwachsene Söhne und 3 Enkel/innen

Interessen: Kreatives Arbeiten, liebt Kontakt mit anderen Menschen, ist immer auf der Suche nach neuen Anregungen.

Carmen Sabernak (Jahrgang 1958)
Die „Geschichtensammlerin" - Schreibt am liebsten mit Blick auf das Meer oder auf ihrer Rosenbank im Familiengarten.

Bisher erschienen

Aus der Reihe „Perlen unserer Erinnerung" sind bereits (im BoD Verlag zum Preis von 5,00 Euro) erschienen:

2013 *„Hannas Weihnachtsengel"* - ISBN: 9783732280414
„Begegnungen im Leben" - ISBN: 9783732280889

2015 *„Verlust und Wiederfinden"* - ISBN: 9783734745812
„Elli" - ISBN: 9783734769276
„Mein Berlin - Mitten mang und Dichte bei" - ISBN: 9783738613599
„Am Wege blüht Vergissmeinnicht" - ISBN: 9783738629262
„Singen und Wandern - das ist unser Leben" ISBN: 9783738659931

2016 *„Jahreswende - von Anfang bis Ende"* - ISBN: 9783741276798

2017 *„Sehnsucht, Glück und Bäume"* - ISBN: 9783848257195

2018 *„Täuscht der schöne Schein?"* - ISBN: 9783748111948
„Winterperlen" - ISBN: 9783748101093

2019 *„Sommer-Zeit-Reise"* - ISBN: 9783748146964
„Geflüster bei Kerzenschein" - ISBN: 9783750401877

2020 *„Meine Heimat Kleinmachnow"* - ISBN: 9783751930772
„Meine - Deine - unsere Schulzeit" - ISBN: 9783751950497
„Durch das Jahr" - ISBN: 9783752672176
„Winterzeit" - ISBN: 9783752672169
„Mystische Geschichten" - ISBN: 9783752672190

2021

„Liebesbriefe" - ISBN: 9783755741084

„Alte Schätze" - ISBN: 9783755741275

„Gesammlte Perlen 2021" - ISBN: 9783755741244

„Wege" - ISBN: 9783756833474

2022

„Federn, Flossen, weiches Fell" - ISBN: 9783756859818

"Missgeschicke" - ISBN: 9783756888672

2023

„Modisches Allerei" - ISBN: 9783757806903

„Alltagshelfer" - ISBN: 9783756862726